강남의 3040, 은퇴준비는 이미 끝났다
은퇴부자들
ⓒ고준석, 2014

초판 1쇄 발행 2014년 4월 25일
초판 5쇄 발행 2019년 2월 20일

지은이 고준석
펴낸이 유정연

주간 백지선
기획편집 장보금 신성식 조현주 김수진 김경애 **디자인** 안수진 김소진
마케팅 임충진 임우열 이다영 김보미 **제작** 임정호 **경영지원** 전선영

펴낸곳 흐름출판(주) **출판등록** 제313-2003-199호(2003년 5월 28일)
주소 서울시 마포구 홍익로5길 59 남성빌딩 2층
전화 (02)325-4944 **팩스** (02)325-4945 **이메일** book@hbooks.co.kr
홈페이지 http://www.hbooks.co.kr **블로그** blog.naver.com/nextwave7
출력·인쇄·제본 (주)상지사 **용지** 월드페이퍼 **후가공** (주)이지앤비(특허 제10-1081185호)

ISBN 978-89-6596-111-6   13320

- 흐름출판은 독자 여러분의 투고를 기다리고 있습니다. 원고가 있으신 분은 book@hbooks.co.kr로 간단한 개요와 취지, 연락처 등을 보내주세요. 머뭇거리지 말고 문을 두드리세요.
- 파손된 책은 구입하신 서점에서 교환해 드리며 책값은 뒤표지에 있습니다.

이 도서의 국립중앙도서관 출판시도서목록(CIP)은 e-CIP홈페이지(http://www.nl.go.kr/ecip)와 국가자료공동목록시스템(http://www.nl.go.kr/kolisnet)에서 이용하실 수 있습니다. (CIP제어번호 : CIP2014011943)

강남의 3040, 은퇴준비는 이미 끝났다

은퇴부자들

고준석 지음

흐름출판

추천사

이 책은 은퇴자에겐 나침반과 같은 참고서다. 부동산 투자와 경매에 관한 국내 최고 전문가인 필자가 현장에서 직접 상담을 해 주며 모은 성공과 실패의 케이스를 실증적으로 설명하고 있기 때문이다.

부동산과 같은 실물경제에선 맹목적인 이론과 과거의 투자방식만을 답습해선 성공할 수 없다. 특히 저금리 시대를 맞아 재테크의 진화가 요구된다. 이런 점에서 이 책의 저자는 경제와 금융을 꿰뚫는 현장 통찰력을 바탕으로, 망망한 '은퇴의 바다'를 항해하려는 독자들에게 북극성이 될 것이다.

베이비부머로 대표되는 은퇴 고객을 잡기 위해 다양한 상품과 서비스를 개발 중인 은행·증권·보험 등 금융회사들도 번뜩이는 힌트를 얻기 위해 일독을 권한다.

● **정구학** _ 한국경제신문 편집국 부국장

취재 현장에서 만난 고준석 지점장은 늘 명쾌했다. 그에게 질문을 건네면 애매모호한 답변이 돌아오는 일이 없다. 그래서 그는 전문가다. '부동산 불패' 신화는 끝났다고들 하지만, 부동산 없이 부자가 된 사람을 찾기 어려운 것도 사실이다. 금융전문가들은 부동산을 줄이고 금융자산을 늘리라고 목소리를 높이지만, 은행원인 고준석 지점장은 정반대의 노후 대비책을 제시한다. 부동산으로 은퇴부자가 되고 싶다면 그의 이야기에 귀를 기울여 보자. 이 책을 펼쳤다면 은퇴준비는 이미 시작된 셈이다.

● **이은아** – 매일경제신문 증권부 차장

은퇴 생각만 하면 가슴이 답답하거나, 아직 은퇴는 남의 일이라고 생각하고 있다면 당장 이 책을 읽어 보라. 주변에서 쉽게 볼 수 있는 평범한 사람들의 성공담이 가득 담긴 이 책을 읽으면 은퇴에 대한 생각이 달라질 것이다. 전문가를 자처하는 사람은 많지만 수년간 수천 명의 고객을 직접 만나고 자산관리 상담을 해 준 사람은 많지 않다. 행복한 노후를 꿈꾼다면 저자가 쓴 '부자들' 시리즈를 꼭 읽어보길 권한다.

● **전재호** – 조선비즈 금융부 기자

0.1%의 예금금리 차이가 당신의 노후를 보장해 줄 것이란 어리석은 생각은 버려라. 금융상품의 포장금리와 실질금리에 우리는 수없이 속았고, 지금도 속고 있다. 이 책에는 경제전문 기자도 몰랐던 부동산 경매 전문가의 비밀이 담겨 있다. 이제 앞으로 살아갈 날이 더 많은 당신을 위한 '현실적인 은퇴준비'가 시작된다.

● **곽세연** – 연합인포맥스 기자

은퇴준비,
더 이상 미룰 일이 아니다

'은퇴' 혹은 '노후' 하면 어떤 생각이 떠오르는가? 마냥 설레고 신난다는 사람들은 이 책을 읽지 않아도 좋다. 당신은 이미 은퇴 이후의 풍요로운 생활이 약속된 '은퇴부자'일 테니까 말이다. 하지만 만약 은퇴라는 말만 들어도 불안하고 두렵다면 지금 당신의 삶은 뭔가 잘못돼 있는 것이다.

대학 시절을 남들보다 열심히 알차게 보낸 이들은 졸업을 앞두고도 막막하고 불안하기는커녕 멋진 사회 데뷔를 앞둔 설렘이 가득하다. 그만큼 철저하게 준비했기 때문이다. 남들 꽃구경 갈 때도 도서관에 앉아 공부하고, 고급 취업정보를 찾아 열심히 발품을 판 덕분에 자신이 꿈꾸던 그대로의 사회생활을 시작할 수 있게 된 것이다. "나는 대학 다니는 동안 나름대로 열심히 준비한다고 했는데, 사회가 이렇게 불황인 걸 어떡하냐"고? 하소연하는 심정이야 이해하지만, 그렇다고 현실에서 달라지는 것은 아무것도 없다. 그럴수록 더더욱 사회에 기대지 않는, 속지 않는 여우같은 졸업 준비가 필요할 뿐이다.

은퇴준비도 이와 같다. 50대에 준비하겠다고 생각하면 이미 늦다. 대학 졸업하고 나서 취업준비 시작하는 것이나 다름없다. 40대 이후는 말할 것도 없고, 지금 당신이 20대이든 30대이든 은퇴준비는 다만 하루라도 빨리 시작하는 것이 진리이다. 내가 꿈꾸는 은퇴 후의 생활을 구체적으로 그리며 지금 당장 계획하고, 준비하고, 그것을 실행에 옮겨야 한다. 사회제도도 국가도 우리의 노후를 보장해주지는 않는다. 금융권에서 홍보하는 그 많은 보험과 연금도 은퇴부자가 되기에는 턱없이 부족하고 불안정하다. 필자 역시 금융권에 몸담고 있지만, 이는 엄연히 사실이다.

현장에서 필자는 은퇴 이후의 생활을 어디서부터 어떻게 준비해 나가야 할지 모르겠다고 하소연하는 사람들을 너무 많이 봐 왔다. 그런 사람들에게 무료로 자산관리 상담을 하고 구체적인 조언을 해 주던 것이 계기가 되어 '자산관리 멘토스쿨'을 만들게 되었다. 이 책에 소개된 많은 사람들이 실제로 지금껏 필자와 오랜 시간 동행해 온 사람들이다. 20대부터 60대 이상까지, 또 몇 백만 원의 종잣돈으로 시작한 사람부터 몇 십억 대 자산가에 이르기까지 연령, 직업, 자산이 모두 다른 다양한 사람들이 행복한 은퇴부자가 돼 가는 과정을 옆에서 도왔다.

그들 은퇴부자들에게는 한 가지 공통점이 있다. 바로 부동산 투자로 은퇴준비를 완벽하게 끝마칠 수 있었다는 것이다. 물론 그들의 과거를 거슬러 올라가 보면 주식이나 창업으로 기껏 모아놓은 종잣돈이나 퇴직금을 한순간에 날려 버린 아픈 경험들도 있다. 또, 연금 두세 개 들었다고 은퇴준비 다 끝났다고 착각했던 날들, 재테크라고는 오직 적금밖에 몰랐던 후회스러운 시간들도 있다. 그들 모두는 결국 부동산과 경매를 종착역으로 삼아 은퇴부자로 성공할 수 있었다.

그런데 부동산으로 은퇴준비를 한다니, 왠지 나와는 거리가 먼 생소한 말로만 들릴지도 모르겠다. 부동산 투자라고 하면 뭔가 큰 돈이 있어야 시작할 수 있을 것 같고, 괜히 나섰다가 있는 돈마저 날려 버리는 건 아닌가 무섭다는 사람들도 많다. 하지만 엄연히 이 책에는 단돈 500만 원, 그리고 4천만 원으로 시작하여 월세부자가 되고 임대수익을 보장받은 사람들의 생생한 스토리가 등장한다. 그들이 어떻게 성공적인 은퇴준비를 할 수 있었는지 직접 확인해 보라. 그러면 지금 당장 먹고살 돈도 빠듯한데 언감생심 어떻게 은퇴준비까지 하느냐고 볼멘소리를 하는 사람들도 그게 다 핑계에 불과하다는 것을 깨닫게 될 것이다. 명심하라. 은퇴준비 같은 것은 나중에 좀 더 여유가 될 때 생각해 보겠다고 하면, 영영 시작할 수 없다.

이 책은 부동산으로 은퇴준비를 하고 있거나 행복한 은퇴부자가 된 사람들의 생생한 성공 스토리를 진솔하게 담고 있다. 그 이유는, 요즘 같은 저금리 시대에 현금자산 위주로만 은퇴준비를 하는 것은 너무 안이하고 위험한 생각이라는 것을 누구보다 잘 알기 때문이다. 앞으로도 물가는 끊임없이 가파른 속도로 상승하고 화폐가치는 계속 떨어질 것이다. 지금 0.1% 금리 따져 가며 은행에서 맴돌고 있을 때가 아니다. 당신의 금융자산을 하루빨리 실물자산으로 전환할 방법을 찾아야 한다.

독자들 대부분은 지금껏 살아온 날보다 앞으로 살아가야 할 날이 더 많이 남았을 것이다. 그 날들을 어떻게 살아가야 할지 부디 구체적으로 상상하고 걱정하기를 바란다.

당신은 아직 젊다고 생각하는가? 그리고 은퇴는 여전히 남의 일로만 여겨지는가? 은퇴준비는 돈 있는 사람들만 하는 거라고 생각하는가? 꼬박꼬박 월급통장에서 보험료 나가고 있으니 노후생활도 보장된 것 같은가? 잘나가는 자식 있으니 든든할 것 같은가? 만약 그렇게 생각한다면, 지금 당장 그러한 마취와 착각에서 깨어나길 바란다. 필자는 은퇴준비를 언제 어떻게 시작하느냐에 따라 사람들이 얼마나 극적으로 다른 인생을 살아가는지를 수없이 지켜봤다. 따라서 이 책을 통해 제대로 준비하면 누구나 예외 없이 은퇴부자가 될 수 있다는 희망을 주고자 노력한 반면, 지금 당장 생각을 전환하지 않으면 누구든지 은퇴거지가 될 수 있다는 경고도 해야 했다. 책 속 행간에서 필자의 진심이 느껴지리라 믿는다.

마지막으로, 《은퇴부자들》을 집필하는 데 많은 힘이 되어 준 사랑하는 아내 이경아, 믿음직스러운 큰아들 고영재, 귀염둥이 둘째 아들 고영서, 그리고 곽양심 장모님과 고금석 형님, 고삼석, 고완석 아우님들께 감사의 말씀을 드린다. 또한 열정을 발휘할 수 있도록 아낌없는 성원과 격려를 해 주신 신한은행 선배님과 후배님들, 동국대 대학원 제자들, '자산관리 멘토스쿨' 멘티님들, '아이러브 고준석과 부동산재테크(cafe.daum.net/gsm888)' 팬카페 회원님들과 흐름출판 식구들에게 거듭 감사 드린다.

― 고준석 올림

차례

추천사 • 4
머리말 은퇴준비, 더 이상 미룰 일이 아니다 • 6
체크리스트 나도 은퇴부자가 될 수 있을까? • 14

chapter 1
지금 당장
은퇴준비를
해야만 하는
이유

은퇴 후 당신에게 일어날 수 있는 일 • 17
국가는 당신의 노후를 책임지지 않는다 • 24
은퇴부자가 되는 길, 왕도는 없다 • 30
은퇴 후 절대 하지 말아야 할 것들 • 37
금리 1%에 연연 말고 지출 1만 원부터 줄여라 • 43
은퇴준비, 소득이 아니라 마음가짐에 달렸다 • 49

chapter 2
그들이 **은퇴부자**가 될 수밖에 없는 **이유**

- 자산 구조조정만으로 월수입 20% 늘릴 수 있다 — 57
- 똑똑한 부동산 하나, '못된 부동산' 열 개 안 부럽다 — 64
- 부동산은 주식, 연금보험은 간식 — 71
- 은퇴준비는 가장 자신 있는 분야부터 — 77
- 나쁜 투자습관은 썩은 밧줄… 하루빨리 버려라 — 88
- 무식하면서 배우지 않는 것, 은퇴거지의 지름길 — 94
- 행복한 은퇴생활, 가족은 필수 — 101
- 금융자산은 빨리 부동산으로 갈아타라 — 110
- 주식투자보다 내 집 마련이 먼저다 — 120
- 부동산 정책보다 자체의 미래가치에 집중하라 — 127

135	•	20대, 명품백은 잠시 잊어라
140	•	30대 직장인에게 최고의 자기계발은 경매공부
150	•	은퇴 여유 있는 2030세대, 땅으로 눈 돌려라
157	•	40대 은퇴준비는 선택 아닌 필수
163	•	하우스푸어, 머뭇거리지 말고 부채부터 줄여라
168	•	5060세대 은퇴자, 귀중한 퇴직금 앉아서 까먹지 말라
174	•	골드미스, 똘똘한 집 한 채로 은퇴준비 끝
181	•	신혼부부가 지켜야 할 은퇴준비 5원칙
188	•	자녀 뒷바라지보다 부동산IQ를 물려주라
193	•	열 자식보다 똑똑한 부동산 하나가 효자
199	•	이혼의 아픔은 든든한 노후준비로 잊자
207	•	내 집 마련, 노후준비의 시작
214	•	자영업자여, 사업장 주변부터 눈여겨보라
219	•	종잣돈 부족하다면 소형 아파트가 해답
225	•	3억 원으로 빌딩투자할 수 있다, 섹션오피스만 안다면
231	•	때론 경매 기피물건에 길이 있다
237	•	전원생활 꿈꾼다면 집짓기 전에 전세부터 살아보라
244	•	제대로 된 전문가를 찾아라, 시행착오를 줄이리라

chapter 3

평범한 사람들이 **은퇴부자**가 된 **비결**

"나도 은퇴부자가 될 수 있을까?"
- 자가 진단 체크리스트 -

- [ ] 은퇴 후 어떤 삶을 살고 싶은지에 대한 구체적인 꿈과 목표가 있다.
- [ ] 은퇴 후에도 현재의 생활수준을 유지 혹은 그 이상의 풍요로운 생활을 할 수 있다.
- [ ] 은퇴준비에 관한 조언과 도움을 받고 있는 전문가가 있다.
- [ ] 연금과 보험 외에도 은퇴준비를 위한 재테크를 따로 하고 있다.
- [ ] 대출을 끼고 있을지언정 내 집 마련에 성공했다.
- [ ] 국민연금을 제외한 은퇴준비의 종잣돈을 5,000만 원 이상 갖고 있다.
- [ ] 가족이 함께 은퇴준비를 하고 있다.
- [ ] 가족 및 친구들과의 관계에서 문제없이 생활하고 있다.
- [ ] 정기적으로 건강검진을 받는 등, 질병과 사고에 대비하고 있다.
- [ ] 은퇴를 생각하면 즐겁고 설렌다.

결과 보기

0 ~ 3개	은퇴준비에 대한 인식이 매우 부족하거나 은퇴에 대한 불안과 걱정이 많은 상태입니다. 지금 당장 서둘러 준비하세요.
4 ~ 7개	은퇴준비를 하고는 있지만, 방법과 실행에 있어서 제대로 된 조언이 필요한 상태입니다. 조금만 더 노력해 주세요.
8 ~ 10개	당신은 충분히 은퇴부자가 될 수 있습니다. 지금처럼 꾸준히 실행하세요.

chapter 1

지금 당장 **은퇴준비**를 해야만 하는 이유

은퇴부자들

은퇴 후, 당신에게 일어날 수 있는 일

수원에 사는 Y씨(76세).

그는 40년간 슈퍼마켓을 하면서 큰돈을 모았다. 처음엔 고생도 많았다. 충청도 산골에서 중학교를 졸업하자마자 서울로 상경, 친척집에서 가게 점원생활을 시작해 푼돈을 모으기 시작했다. 20대 중반에 작은 숙부님의 도움으로 5평짜리 점포를 얻어 식료품점을 열었다. 새벽 4시에 가게를 열어 12시까지 몸이 깨지는지도 모르고 장사를 했다. 결혼 후에는 부부가 같이 일했다. 장사가 잘 되어 가게도 넓혀 나갔고, 어느새 동네에서 제일 큰 슈퍼마켓으로 성장시킬 수 있었다. 다른 사업에 한눈팔지 않고 성실히 일한 덕분이었다.

다행스럽게도 4남매 자녀들 모두 잘 성장해 주었다. 큰딸은 결혼해 미국으로 이민 가서 살고, 둘째 딸은 독일 유학 중에 현지에서 결혼했다. 사위가 독일 사람이다. 셋째 아들은 H기업에, 넷째 아들은 S기업에 다니고 있다. 슬하에 손주들만 해도 아홉이나 된다.

Y씨는 자녀들이 결혼할 때에도 자녀들에게 아낌없이 주었다. 딸들에게는 부족함 없이 혼수를 해 줬고, 아들들에게는 조그만 아파트까지 장만해 주었다. 이렇게 일평생을 일만 하며 자녀들 잘 키우는 것을 행복으로 알던 그에게 60세가 되면서부터 시련이 닥쳤다. 2002년 한일월드컵이 한창일 때 갑자기 아내가 급성 심장마비로 세상을 떠난 것이다. 그는 젓가락 들 힘이 있을 때까지는 일을 할 생각이었지만, 아내를 잃은 슬픔이 앞서다 보니 도무지 아무것도 할 수가 없었다. 그렇게 슈퍼마켓을 정리하고 나니 강남 압구정동의 H아파트 한 채와 현금 19억 7,000만 원 정도가 손에 들어왔다. 평생 먹고살 만한 돈이었다.

Y씨는 아내가 떠난 빈자리를 자녀들에게 정신적으로 의지하며 살아가게 되었다. 자연히 자녀들에게 아낌없는 경제적인 지원이 이어졌다. 그런데 도가 지나쳤다는 게 화근이었다. 아파트까지 처분해 가며 자녀들에게 밀어 넣으며 마치 곶감 꼬치 빼먹듯 목돈을 주고 났더니 수중엔 3억 원도 채 남지 않게 되었다. 지금은 서울을 떠나 수원의 여동생 옆집 단칸방 전셋집에 살고 있다.

신기한 것은 돈이 떨어지니 아들딸 할 것 없이 자식들 발길도 끊겨 버렸다는 것이다. 보고 싶은 손주들 얼굴도 가물가물하다. 그렇게 살갑게 잘하던 며느리들 얼굴 본 지도 족히 3년은 다 된 것 같다. 누가 딸들이 아들보다 더 낫다고 했던가? 수중에 현금이 있을 때는 두 딸들이 시도 때도 없이 귀국해 경쟁하듯 돈을 빼앗아 가더니만, 이제는 이 핑계 저 핑계를 대며 귀국할 수 없단다. 딸들 못 본 지도 꽤 되었다.

Y씨는 은퇴준비 안 해 놓은 것이 한스럽기만 하다. 사업을 정리할 때까지만 해도 현금만 있으면 노후는 편안하게 보낼 줄 알았다. 지금 생각해 보면 전 자산을 부동산이 아닌 현금으로만 보유한 것이 후회막심일 뿐이다. 돈 떨어지기가 무섭게 아픈 곳도 많아졌다. 그렇지만 길거리에서 굶어 죽는 한이 있어도 자식들에게 의지할 생각은 추호도 없다. 당장 내일 죽어도 상관은 없다. 하지만 몇 해를 더 살지는 몰라도 죽는 날까지 경제적 여력이 충분치 않아 걱정이다.

Y씨가 왕성하게 경제활동을 하던 시절에는 은퇴준비를 한다는 것이 사치였다. 특히 일을 즐겼던 Y씨는 나이를 먹어도 현역에서 은퇴할 생각이 전혀 없었다. 그러나 흐르는 세월 앞에 영원한 현역은 없었다. 자의 반 타의 반 또는 개인의 사정에 따라 현역에서 은퇴를 할 수밖에 없기 때문이다. Y씨가 현역에 있을 때 은퇴 뒤에 자신에게 무슨 일이 일어날 것인지 진지하게 생각해 본 적이 있을까?

전혀 없었다.

　나이가 들수록 행복한 은퇴생활에 방해가 되는 장애물은 얼마든지 나올 수 있다. 우선 경제적인 어려움에 봉착할 수 있다. 가족이나 사회와의 관계도 단절될 수 있다. 여기에 건강상의 어려움까지 더할 수도 있다. 슬프게도 이런 것들은 은퇴준비를 해 놓지 않은 사람들에게만 찾아다니는 경향이 있다.

66 풍요로운 경제생활은 차치하고, 빈곤한 생활이 태반 99

　현재의 소득이 많다고 해서 은퇴준비를 잘하고 있다고 생각한다면 오산이다! 돈은 모으는 것보다 관리하는 것이 더 어렵다. Y씨의 경우에도 한때 소득이 많아 큰 자산을 모았지만, 은퇴생활이 걱정될 정도로 준비를 제대로 해 놓지 못했다. 자식을 보험으로 생각하던 시대는 이미 지났다. 자식들에게 아낌없이 퍼 주고 나서 은퇴 후 자식들만 쳐다보고 살아서는 안 된다는 얘기다. 절대로 자식에게는 한 푼도 줄 수 없다고 호언장담하던 사람들도 70세가 넘어서면 현금을 방어할 능력이 떨어지게 된다. 돈의 가장 큰 적은 자식이란 우스갯소리가 틀린 말은 아닌 것 같다.

　일반적으로 은퇴준비를 하는 사람들을 보면, 은퇴에 가까워질수록 전체 자산 중에서 현금의 보유 비중을 늘리는 경우가 많다. 그러나 이것은 위험한 생각이다. 오히려 현금보다 실물자산인 부동산의 보유 비중을 늘려야 한다. 물론 임대수익이 확실한 수익성 부동산이어야 한다. 당연히 비수익성 부동산은 처분하여 현금이 아닌 수익성 부동산으로 갈아타는 것도 잊지 말아야 한다. 이렇게 부동산으로 은퇴준비를 해 놓으면 자산을 보다 더 안전하게 지킬 수 있다.

Y씨의 경우처럼 현금을 자식들로부터 지켜낼 부모는 거의 없다. 은퇴생활을 하다 보면 현금은 호랑이도 빼먹을 수 있는 곶감이 될 수 있다. 또한 저금리 시대에 현금을 운영해 은퇴생활을 하기엔 이자소득이 너무 적다. 반면, 부동산은 대들보처럼 큰 도둑이 들어도 가져갈 수 없다. 여기에 저금리 시대에도 임대소득은 실물자산의 가치에 연동하기 때문에 소득이 줄어들지 않는다. 따라서 자산도 안전하게 지켜 가면서 행복한 은퇴생활을 하기 위해서는 부동산이 유리하다.

〞가족이나 사회와의 관계 단절〝

은퇴 후에 나 홀로 등산에만 의존해서는 사회적 고립을 자초할 수 있다. 이를 극복하기 위해서는 새로운 것에 대한 호기심을 가지고 끊임없이 배움의 기회를 찾아야 하며 기회가 오면 놓치지 말아야 한다. 배우자를 비롯해 자녀들과의 관계도 중요하다. 가장이라고 해서 과묵하게 앉아 있기만 해서는 안 된다. 때론 가족 앞에서 수다쟁이가 되기도 해야 한다. 가족관계가 항상 좋을 수만은 없다지만, 호통과 짜증, 회초리보다는 대화를 통해 문제를 해결하는 것에 익숙해져야 한다. 좋은 관계를 위해서는 아무리 가족이라고 해도 노력이 필요하다. 게다가 행복한 은퇴생활을 위해서 가장 경계해야 할 것이 바로 가족 간의 단절임을 잊지 말자.

〝건강상의 어려움에 처할 수도 있다〞

사람의 몸은 100년을 사용해야 한다. 아니 100년보다 더 종신토록 사용할 수 있게 만들어 놓아야 한다. 많은 사람들이 인생의 가장 좋은 시절에 건강은 돌보지 않고 돈 버는 데만 열중한다. 그러나 건강을 돌보지 않으면 결국엔 건강을 되찾기 위해 번 돈을 모두 다 쓰게 될지도 모른다. 은퇴 뒤에 나이 들어 갑자기 건강관리를 한다고 해서 건강해지는 것은 아니다. 건강관리는 2030세대 때부터 꾸준히 시작해야 한다. 건강관리도 은퇴준비라는 사실을 명심해라.

세상 어느 누구도 피해갈 수 없는 은퇴! 그런데도 아무런 준비 없이 갑자기 은퇴를 맞이하는 사람들이 너무도 많다. 돈이 다소 여유가 있으니 문제없다는 사람들도 있는데, 천만의 말씀이다. 구체적인 준비와 계획이 없으면 아무리 많은 돈도 순식간에 사라지고 만다. 혹은, 은퇴 이후를 고민한다는 사람들조차 단순히 음식점 창업, 제2의 직업교육, 여행과 운동 등등 대단히 추상적인 경우가 많다.

　행복한 은퇴생활을 하기 위해서는 우선 경제적으로 풍요롭지는 못하더라도 빈약하지는 않게 준비해야 한다. 또한 관계의 끈을 놓지 말아야 한다. 다시 말해 사회적 단절이 생기지 않도록 꾸준히 사회적 활동에 참여해야 한다. 특히 가족 간의 단절이 절대로 생기지 않도록 스스로 노력해야 한다. 게다가 100세 시대에는 건강관리가 재테크 못지않게 중요하다. 자기 몸을 함부로 다루지 말지. 미국 코넬대학교의 칼 필레머 교수는 "병은 쾌락의 이자이며, 흡연, 형편없는 식습관, 운동부족 같은 것들로 일찍 죽지 않는다. 몇 년 혹은 몇 십 년 동안 만성질환에 시달리며 고통받을 뿐이다"라고 일갈했다.

　비록 유쾌한 시간은 아닐지라도, 은퇴 후 당신에게 갑자기 일어날 수 있는 일들을 구체적으로 상상해 보길 바란다.

국가는 당신의 노후를 책임지지 않는다

A공사에 다니는 Y씨(31세).

그녀는 대학생이 되고 나서부터 경제적 독립을 선언하고 돈이 들어가는 모든 일을 혼자서 해결했다. 생각해 보면 대학생 때부터 열심히 살아왔다. 당시 사회 경험을 쌓기 위해 손에 잡히는 대로 아르바이트를 했다. 중고생 과외는 필수였다. 피자집에서도 일하고, 추운 겨울 전봇대를 돌며 전단지도 붙여봤다. 장갑을 끼면 속도가 빠르지 못해 주로 맨손으로만 작업을 해야 했다. 그렇게 전단지를 30분 정도만 붙여도 어느새 손가락이 새빨갛게 얼어 동상이 걸릴 정도였다. 그땐 정말 고생을 사서 한 셈이었다. 동기들보다 부지런하고 억척스러웠다. 그 덕분에 졸업과 동시에 들어가기 어렵다는 공사公社에 거뜬히 들어갔다.

그녀는 시간에 쫓겨 가며 주경야독 공부하던 대학생활을 통해 이미 돈의 소중함을 잘 알고 있었다. 돈 벌기가 얼마나 어려운지도 실감했다. 그때 은퇴부자가 되겠다는 막연한 꿈을 갖게 되었다.

Y씨는 회사에 들어간 후부터는 부자가 되겠다는 다짐을 마음속에 새기며 열심히 돈을 모았다. 당시는 저축만이 전부였다. 당연히 부모님 도움 없이 저축한 돈으로 결혼도 했다.

맞벌이를 하면 은퇴부자가 되는 속도가 빨라질 줄 알았다. 그런데 오히려 저축률이 혼자 벌 때보다 떨어지는 것이었다. 몇 개의 통장이 있다고 안심할 상황은 아니었다. 준비하지 않으면 행복한 은퇴생활은 예약할 수 없을 것 같았다.

맞벌이를 하는 경우, 둘 다 현직에 있는 동안에는 그럭저럭 먹고 살 수는 있다. 하지만 은퇴 이후에 기다리고 있는 인생이 4,50년인 세상이다. 별도의 준비가 없으면 현실적으로 매우 불안정한 생활을 할 수밖에 없다. 어느 나라를 막론하고 개인의 노후를 전적으로 책임져 주는 국가는 없다. 그렇다고 국민연금을 생각하며 안심하기에는 Y씨의 생각에도 턱없이 부족해 보였다.

Y씨는 여러 가지 계산 끝에 서둘러 별도의 은퇴준비를 하기로 마음먹었다. 어떻게 해야 하는지 구체적인 방법을 찾으며 고민했다. 그러던 중 《강남부자들》이라는 책을 통해 부자들의 생각, 부자들의

투자 패턴을 읽게 되었다. 단순히 부자가 되겠다는 목표만 가지고 부자가 되기란 어림도 없는 얘기였다. 이뿐만 아니라, 제대로 된 투자 방법을 제시해 주고 길잡이 역할을 해 주는 멘토의 존재가 얼마나 중요한지도 깨달았다. 그런 연유로 Y씨는 나를 찾아왔고, 우리의 인연은 2012년 무렵부터 시작되었다.

Y씨는 은퇴부자가 되기 위한 실행계획을 세우는 과정에서 자신의 생활 패턴 전부를 최종 목표에 맞춰 다시 세우고는 딱 그대로 움직였다. 해병대 훈련 그 이상이었다. 무엇보다 부부의 소득이 한정되어 있었기 때문에 지출을 줄이지 않고서 은퇴부자가 되는 방법은 없다고 결론 내렸다. 지출관리를 통해 종잣돈을 모으는 방법을 선택한 것이다.

우선 주간 단위 피드백을 통해 지출을 철저하게 통제하였다. 실천사항도 구체적으로 정했다. 신용카드 사용 금지, 외식 금지, 대중교통 활용으로 자동차 사용 최소화하기 등이었다. 처음에는 남편의 불만이 컸고 그녀 자신도 실천하기 힘들어했다. 실제로 실행하다 보면 생각지 못한 자잘한 어려움들도 있었지만, 오직 최종 목표를 그리며 1년 동안 꾸준히 실행해 나갔다.

그녀는 먼저 부부의 1년 평균 소득과 지출을 분석해 낭비요소를 제거했다. 여기에 다시 고정지출과 변동지출을 구분해 지출 계획을 다시 세웠다. 또한 이전까지는 단순히 금전출납 형태로 쓰던 가계부를 월간에서 주간 단위로 바꿨다. 매주 일요일마다 주 예산을 짜고 결산을 통해 지출을 엄격하게 통제했다. 특히 변동성이 많은 지출(식비, 생활용품, 피복비 등)의 경우 통장을 분리하여 체크카드를 사용하니 지출을 할 때마다 잔액을 알 수 있고, 외식은 물론이거니와 양말 하나 사는 것도 신중해지게 되었다.

이렇게 지출을 통제해 봤더니, 소득 대비 저축률이 기존 30%에서 60%까지 올라갔다. 은퇴준비를 하고 있다는 느낌이 팍팍 들었다. 요즘은 정말 통장에 돈 모으는 재미가 쏠쏠하다. 고생스러웠지만 1년 동안의 실행 결과는 기대 이상으로 대성공이었다. 이러한 중간 과정의 성취감에 동기부여가 되어 은퇴부자가 되는 그 날까지 쭉 이 같은 노력을 계속할 것이라는 다짐도 하게 되었다.

한편 Y씨는 은퇴부자가 되기 위해서는 인식의 변화가 필요하다는 것도 깨달았다. 예전에는 별 고민 없이 내 집 마련은 친정 근처에 하려고 했다. 맞벌이 부부이다 보니 육아문제를 비롯해 친정의 도움을 받아야 할 일이 많았기에 자연스레 그런 생각을 했던 것이다.

그러나 은퇴준비를 하면서 생각이 완전히 바뀌었다. 친정 주변의 아파트는 투자가치 있는 지역과 비교해 보면 상대적으로 싸고 조금만 노력하면 살 수 있었다. 하지만 자본수익(시세차익)은 기대하기 어렵다는 사실을 알았다. 집을 단순히 사는Live 곳이라고만 생각하면 문제될 것은 없었다. 그렇지만 은퇴부자가 되기 위해서는 자본수익을 생각하지 않을 수 없었다. 그래서 친정 근처에 집을 사야겠다는 생각은 버렸다.

또한 자본수익이 있는 지역에 집을 산다면 아파트 규모가 작아질 수밖에 없었다. 여기에 종잣돈도 더 모아야 한다. 그렇다 해도 미래 가치가 있는 지역에 투자하는 것이 좋은 방법이라 판단했다. 물론 그 집에서 살 것은 아니다. 전세를 놓고 그 전셋돈으로 친정 근처의 새 아파트에서 전세를 살 생각이다. 이 방법이 재테크 측면에서 훨씬 유리하다는 깨달음을 얻게 된 것이다. 단순히 '내 집 마련'만을 목표로 하지 말자. 집 장만을 하면서 동시에 재테크도 함께할 수 있다는 인식의 변화가 필요하다.

Y씨는 은퇴부자가 되겠다는 명확한 꿈이 있기에 새벽까지 야근을 해도, 주말에 출근을 해도, 몸이 아파 겨우 출근을 하는 경우에도 마음만은 행복했다. 게다가 틈틈이 방법을 알려주는 멘토가 있기에 더 든든하다. 물론 아직은 그녀도 은퇴부자가 아니다. 하지만 은퇴부자의 마인드로, 부자의 길을 오늘도 착실히 걸어가고 있다.

행복한 은퇴부자는 하루아침에 이루어지지 않는다. 그렇다고 언제까지 손 놓고 있을 수만은 없다. 국가도 국민연금도 당신의 노후를 책임져 주지는 않는다. 나도 할 수 있다는 생각으로 한 걸음 내딛어 일단 시작을 하는 게 중요하다. 은퇴에 대해 막연한 불안만 안고 사는 사람들은 종종 모든 게 다 부질없는 짓이라고 생각한다. 열심히 해도 한계가 있다며 지레 아무 노력도 하지 않으려 한다. 토마스 에디슨은 "시도했던 모든 것이 물거품이 되더라도 나는 용기를 잃지 않았다. 나는 실패를 한 걸음 전진을 위한 발판이라고 생각했기 때문이다"라고 말했다. 은퇴부자가 되는 길은 어쩔 수 없이 노력과 시간을 요한다. 하지만 생각을 바꾸고, 그에 따라 행동을 바꾸고, 그렇게 꾸준히 실행하다 보면 누구나 예외 없이 행복한 은퇴부자가 될 수 있다. 첫걸음을 내딛지 않고 무언가를 이룰 수 있는 방법은 어디에도 없다.

은퇴부자가 되는 길, 왕도는 없다

대기업에 다니는 P씨(45세).

그는 회사 일 때문에 서울에 있는 가족과 떨어져 전주에 내려와 있다. 가족과 떨어져 생활하다 보니 자연스럽게 퇴근 후에는 동료들과 술자리로 저녁시간을 때우며 지냈다. 여유로운 시간은 많았지만 생산적이지 못했다. 그런데 어느 날 아내가 밑반찬을 챙겨 주며 읽어 보라고 놓고 간 한 권의 책이 P씨의 마음을 바꿔 놓았다. 그때부터 저녁 술자리 대신 재테크 서적을 탐독하며 자산관리가 얼마나 어려운지를 새삼 절감했다. 그리고 또 하나. 당장 은퇴준비가 필요하다는 것을 절실히 깨달았다.

그동안 아내에게 용돈이 적다고 투덜대던 것을 생각하니 부끄러워졌다. 그뿐인가. 아내가 투자해 보겠다는 것에는 사사건건 미친

듯이 훼방만 놓았던 자신의 행동이 뒤늦게 미안했다. 쥐꼬리만한 월급으로 자식들 키우면서 알뜰히 종잣돈(현금자산 2억 2,000만 원)을 모아온 아내가 존경스러웠다. 생각해 보니 처음부터 아내가 하자는 대로 했다면, 지금보다 훨씬 더 많은 종잣돈을 모았을 것 같다.

요즘 P씨는 주말이면 서울에 올라가 아내와 함께 은퇴준비에 관해 도란도란 이야기를 나눈다. 더 중요한 것은 부부가 함께 은퇴준비의 방향을 잡았다는 것이다. 앞으로 퇴직까지 남은 12~15년, 월 500만 원 정도 수익이 나오는 부동산에 투자하는 것을 목표로 세웠다. 그러기 위해서는 현재의 종잣돈을 자본수익 위주로 투자해 불려야만 했다. 자산관리에 무관심했던 자신의 변한 모습에 아내가 더 좋아하는 걸 보면서 왠지 이미 은퇴부자가 된 것처럼 뿌듯했다. 이렇게 아내와 함께 내공을 키워 가던 그가 2011년, 은퇴준비를 위한 본격적인 투자에 나섰다.

우선 첫 투자 대상을 서울이 아닌 전주의 소형 아파트로 잡았다. 분명한 이유가 있었다. 실패를 최소화하기 위해 잘 알고 있는 지역을 선택한 것이다. 전주 지역은 일자리 늘어나는 것에 비해 아파트가 턱없이 부족해 가격이 오를 것이라는 확신도 있었다. 욕심 부리지 않고 투자금액의 30%의 수익률만 되면 처분해 자본수익(시세차익)을 챙길 생각이었다.

결국 전주 소재 L아파트(전용면적 $53.5m^2$)를 4,200만 원에 매입해

18개월 정도 보유하다 7,800만 원에 처분했다. 투자금액 대비 53%의 수익률을 얻었다. 아파트를 처분하고 서울에 올라가 가족들과 삼겹살 파티를 했다. 첫 번째 투자에서 성공의 맛을 보니 이젠 정말 자신감이 두 배가 되었다. 그 후 서두르지 않고 수요에 비해 턱없이 공급이 부족한 지역을 분석해 가며, 아파트 2채를 더 투자해 8,700만 원 정도의 자본수익을 더 챙겼다. P씨는 앞으로도 계속 수익성 부동산에 투자할 종잣돈이 마련될 때까지 소형 아파트만 쳐다볼 것이다.

P씨가 은퇴부자에 점점 가까워진 것은 작은 것부터 실행에 옮기고 있기에 가능했다. 아무리 큰 꿈을 가지고 있어도 실행하지 않으면 절대 그 꿈은 이룰 수 없다. P씨는 막연하게 '한번 해 볼까?' 하는 생각으로 실행하지 않았다. 또한 종잣돈이 적다고 탓하지 않았다. 현실에 맞춰 투자대상을 찾아 자본수익을 올리고 있는 것이다. 보통 은퇴부자가 되지 못하는 사람들은 작은 것은 거들떠보지도 않는다. 막연한 꿈조차 없다. 종잣돈이 적다고 핑계만 댄다. 다른 사람들도 하니까 한번 해보다가 실패한다.

모든 일이 첫 술에 배부를 수는 없다. 은퇴부자가 되겠다는 장밋빛 꿈은 좋지만, 장밋빛 실행은 실패의 원인이 된다. '부동산 투자로 얼마의 돈을 벌 수 있을까?' 하는 행복한 고민 뒤에는 '손해를 볼 수도 있다'는 계산도 해야 한다. 은퇴준비는 머리로만 해서는 절대 안 된다. 시장에 가서 장을 보는 것처럼 발로 뛰어야 한다. 그래야 일시적인 사회적인 분위기에 빠져 헛발질하는 것을 막을 수 있다. 또한 그렇게 스스로 공부하고 직접 뛰어야만 투자환경을 오염시키고 있는 지나치게 많은 정보들 속에서 약이 되는 진짜 정보를 골라낼 수 있다.

은퇴부자가 되려면 지금부터 시작해라! 설사 종잣돈이 적다고 해도 투덜대지 마라! 머릿속에서만 계산하지 말고, 발로 뛰며 계산해라! 시행착오를 줄이기 위해서는 다음 몇 가지 사항을 알아두어야 한다.

첫째, 기대수익을 정하라

일반적으로 부동산은 장기적으로 투자해야 하는 특성을 가지고 있다. 그런데 막연한 목표나 생각만 갖고 있는 사람들은 십중팔구 자본수익에 대한 기대수익률을 정하지 않고 투자한다는 특징이 있다. 금융자산은 투자기간에 따라 수익률이 정해져 있지만, 부동산은 그렇지 않다. 투자자가 관리하지 않으면 투자기간이 한도 끝도 없이 무작정 장기적으로 길어질 수도 있다. 따라서 기대수익률이 실현되면 욕심을 버리고 처분해야 한다.

둘째, 자본수익을 챙겨라

싸게 사서 비싸게 파는 것만이 자본수익을 극대화할 수 있는 것은 아니다. 물론 투자원가가 적게 들어가면 좋다. 그러나 10년 전 가격에 집착하게 되면 투자기회를 놓칠 수 있다. 부동산은 가구가 아니다. 가구는 공장도 가격에 매입해 새것처럼 사용하다 처분해도 똥값이다. 하지만 부동산은 수리만 조금만 해서 처분해도 자본수익이 생긴다. 따라서 부동산은 매입금액에 연연하기보다 미래가치, 즉 자본수익에 더 신경 써서 투자해야 한다.

셋째, 약이 되는 정보를 골라라

투자에 있어서 정보는 약이 될 수도 있고 독이 될 수도 있다. '재개발에 투자하면 단기에 돈을 벌 수 있다'는 식으로 한때 재개발 정책이 홍수를 이루면서 투자자를 부추겼다. 여기에는 봇물 터지듯 쏟아져 나왔던 정보들이 고급정보로 둔갑되어 한몫을 했다. 이러한 투자 분위기에 편승하여 잘못된 정보를 가지고 막차를 타는 투자행위는 없어야 한다. 부동산 정보를 있는 그대로 믿고 투자하는 것은 바보짓이다. 현장 확인을 통해 진짜 약이 되는 정보인지 확인하고 투자해야 한다.

> **넷째,
> 세금에 겁먹지 마라**

대부분 모든 상품의 거래에는 세금이 따라붙는다. 부동산도 마찬가지이다. 그런데 부동산은 매매금액이 고가여서 붙어 있는 세금(취득세 외)도 커 보인다. 당연히 세금도 투자원가에 포함시켜 자본수익을 계산해야 한다. 세금을 감안하고도 자본수익이 보이면 투자하는 것이다. 하지만 세금에 과민반응하다가 적절한 투자시기를 놓치는 일은 없어야 한다.

> **다섯째,
> 과감하게 던져라**

부동산은 기대수익을 크게 잡을수록 자본수익이 줄어들 수 있다. 처분하는 시점이 중요하다는 이야기다. 가격이 더 상승할 것이라는 기대감으로 자본수익에 과도한 욕심을 부리면 오히려 손해를 볼 수도 있다. 40년 전, 압구정동에 있는 A아파트를 똑같이 분양 받았어도 언제 처분했느냐에 따라 자본수익은 다르다. 부동산은 환금성에 굉장히 취약하다. 이런 점을 감안해 기대수익률이 실현되고 매수자가 있으면 미련을 두지 말고 과감하게 던져 버려야 한다.

데일 카네기는 "패배했다고 생각하면 패배한 것이다. 도저히 할 수 없다고 생각하면 할 수 없는 것이다. 이기고 싶지만 이길 수 없다고 생각하면 이기지 못하는 것이다"고 말하며, "인생이란 전투에서는 늘 빠르고 센 사람이 이기는 것은 아니다. 인생에서는 이길 수 있다고 생각하는 사람이 이긴다"고 했다. 실패가 두려워 은퇴부자가 될 수 없다고 생각하면 당신은 절대로 은퇴부자가 될 수 없다. 모든 삶이 정시에 출발해 정시에 도착하는 것은 아니다. 은퇴부자가 되는 길에도 방법은 얼마든지 여러 가지가 있을 수 있다. 하지만 왕도는 없다. 왕도는 당신 스스로 만들어 나가며 이룩하는 것이다. 은퇴부자가 되는 길이 평탄하지만은 않다. 한 조각의 실패도 한 조각의 성공도 있을 수 있다. 이 조각들이 합쳐질 때 당신은 행복한 은퇴부자가 될 것이다.

은퇴 후
절대 하지 말아야 할 것들

가정주부 K씨(46세).

그녀는 유독 부동산에 관심이 많았다. 당연히 부동산으로 은퇴준비까지 끝낼 계획을 세워 뒀다. 그래서 여러 종목의 부동산을 이곳저곳에 투자해 두었다. 그런데 투자 성적은 엉망이 돼 버렸다. 왜냐하면 부동산에 대해 무식했을 뿐만 아니라, 결정적으로 귀가 얇은 것이 문제였다. 테마상가는 유동인구가 많은 동대문 지역이 좋다는 얘기만 믿고 덥석 투자했다. 하지만 지금까지 임차인을 구하지 못해 관리비만 내고 있다. 또, 계모임에 나갔다가 개발 이슈가 있는 좋은 땅이 나왔다는 친구의 말만 믿고 선뜻 투자했다. 그냥 몇 년 묻어 두면 돈이 되는 줄 알았다. 내 집 마련도 안일하게 했다. 아파트 단지 주변에 지하철만 다니면 가격이 오르는 줄 알았던 것이다.

지하철역 주변에 투자한 아파트도 역시 가격이 떨어진 상태이다. 무식한 투자의 결과치고 감당해야 하는 손해는 씁쓸하기 그지없었다. K씨는 시간을 10년 전으로 되돌리고 싶다는 생각밖에 없었다. 심한 스트레스를 받아 가며 고민했지만 해결책이 없었다.

그 무렵 알게 된 것이 '자산관리 멘토스쿨'이었다. 첫 강의를 들으러 갈 때까지만 해도 별 기대는 없었는데, 결과적으로 그 덕분에 자신이 무엇이 잘못됐는지를 확실히 알게 됐다. 부동산은 아는 만큼 눈에 보이고, 모르는 만큼 손해 본다는 것이 뼛속까지 느껴졌다. 그녀는 자신이 한심스러웠다. 그리고 부끄러웠다. 그러나 가슴속에 한 조각 희망이 생기기 시작했다. 은퇴부자가 되기 위해서는 절대로 하지 말아야 할 것 세 가지를 확실히 깨달았던 것이다.

첫째, 잘못된 투자는 바로잡아야 한다는 것

그동안 부동산 투자가 실패한 줄은 알았지만, 어찌 해야 할지 방법을 몰라 세월에 맡겨놓고 있었다. 동대문에 방치해 둔 상가도 그렇고, 강원도 산속에 사 둔 땅도, 지금 살고 있는 아파트도 그렇다. 비정상을 정상으로 돌려놓지 못하고, 애타는 마음에 또다시 급하게 투자할 생각만 했었다. 하지만 잘못된 것은 빠르게 바로잡고 나서 또 다른 투자를 생각해야 한다.

> **둘째,**
> **고수익 금융상품을 쫓아서는 안 된다는 것**

　　부동산 투자의 실패를 만회하기 위해 금융자산은 수익률만 보고 운영했다. 저축은행 후순위채를 비롯해 CP(기업어음)와 같은 고수익 상품에 투자했던 것이다. 그런데 이게 웬일인가? L건설에 이어 D그룹까지 CP에 투자한 사람들이 원금을 손해 보는 일까지 생겨났다. 덜컥 겁이 들었다. 그녀는 하루라도 빨리 정리하기 위해 노심초사했다. 자산관리를 몰라도 너무 몰랐다. 리스크는 고려하지 않고 오로지 수익률만 쫓은 결과였다. 은퇴준비의 정식은 고수익 상품은 피해야 한다는 것이다.

> **셋째,**
> **자영업은 절대 하지 말라는 것**

　　K씨는 퇴직하는 남편과 함께 음식점을 차릴 준비를 하고 있었다. 퇴근하는 남편을 요리학원에 보냈고, 그녀는 삼겹살 전문 프랜차이즈를 알아보며 인생 2막을 설계했다. 당연하지만 퇴직금(예상 3억 8,000만 원)을 전부 투자할 생각이었다. 그러나 퇴직금을 애먼 데 투자하지 말라는 멘토의 조언을 듣고 자영업 생각은 바로 접었다. 대신 그 열정으로 수익성 부동산에 투자하는 방법을 공부하여 은퇴준비를 제대로 해 볼 생각이다.

K씨가 은퇴한 뒤에도 이런 사실을 깨닫지 못했다면 자산의 일부 또는 전부를 날렸을 것이다. 지금이라도 알게 된 것이 다행스러웠다. 무엇보다 새로운 투자가 중요한 게 아니라, 비수익성 부동산을 처분하는 것이 급선무라는 것을 깨우친 것이 다행이었다. 요즘 K씨는 잘못된 투자를 바로잡기 위해 발로 뛰고 있다. 현지 중개업소 문턱이 닳도록 들락거리고 있다. 발로 뛴 덕분에 진짜 처분할 수 없을 것 같았던 동대문 상가를 매도했다. 물론 투자한 금액보다 8,000만 원 손해를 봤다. 곧 아파트도, 지방에 투자한 땅도 처분할 수 있을 것 같은 자신감이 생겼다.

K씨는 지난날 겁도 없이 부동산 투자에 덤벼들었던 것을 거울삼아 지금은 차가운 머리로 냉철하게 생각하고 있다. 더 이상 조바심을 내며 천방지축 날뛰던 지난날의 모습이 아니다. 은퇴부자가 되기 위해 항상 평상심을 잃지 않으려 노력하고 있다.

대부분의 사람들이 자기 허물은 잘 보지 못한다. 아무리 자기 몸은 자기가 제일 잘 안다지만 자신의 몸에 이상이 생기면 전문가인 의사를 찾아가 조언과 함께 처방을 받는다. 그런데 자산관리는 그렇게 하지 않는다. 특히 부동산의 경우에는 차일피일 세월에 맡겨두는 경우가 허다하다. 물론 미래가치 있는 부동산이면 다행스럽게도 괜찮다. 하지만 미래가치가 없는데도 불구하고 그냥 못 쓰는 골동품처럼 취급해 버린다. 앞으로는 절대 간과하지 말자. 부동산을 제대로 관리하지 못한다면 은퇴부자가 되기는 어렵다. 시골에 처박혀 있는 골동품 같은 부동산이 있다면 호기심을 갖고, 그리고 전문가에게 자문 받기를 권한다.

일반적으로 은퇴를 전후한 5060세대들이 가장 쉽게 당하는 것이 금융사기이다. 대부분 고수익으로 유혹하면 당할 재간이 없다. 은퇴 후에는 고수익보다는 원금을 안전하게 지키는 것을 더 우선시해야 한다. 그럼에도 불구하고 원금이 보장되지 않는 상품에 가입해 손해를 당하기 일쑤다. 금융상품에 가입할 때에는 반드시 하나의 원칙을 지켜야 한다. 누가 뭐래도 원금이 보장되는 상품이어야 한다. 아름다운 장미에는 가시가 있듯이 고수익 상품에도 당신의 원금을 빼앗아갈 큰 가시가 있다는 사실을 명심해야 한다.

그런가 하면, 몇 해 전부터 은퇴에 돌입한 많은 베이비부머들이 음식점 창업에 열을 올리고 있다. 다른 업종에 비해 진입장벽이 낮기 때문이다. 하지만 그만큼 경쟁이 치열해 창업자 10명 중 9명이 폐업하고 있는 현실이다. 기획재정부의 '자영업자 동향과 시사점' 보고서에 의하면 2011년도 기준 자영업자의 음식점 폐업률이 94.3%를 차지했다. 경험이 없는 음식점 창업은 은퇴 후 절대로 하지 말아야 할 것 중에 하나다.

은퇴부자가 되기 위해 지금 당신은 무엇을 하고 있는가? 혹시 은퇴부자가 되기 위해 하지 말아야 할 것들에 유혹 당하고 있지는 않은가? 법정스님의 말씀 중에 "새 옷으로 갈아입으려면 먼저 낡은 옷부터 벗어야 한다. 낡은 옷을 벗어버리지 않고는 새 옷으로 갈아입을 수 없기 때문이다"는 구절이 있다. 비우지 않으면 채울 수 없다는 진리! 가슴속으로 새겨들어야 한다. 기억하자. 자산관리에서 잘못된 부분을 올바르게 정상화시켜 놓지 않는 한 행복한 은퇴생활을 할 수는 없다는 것을.

금리 1%에 연연 말고
지출 1만 원부터 줄여라

서초동에 사는 J씨(47세).

그녀는 결혼해 지금까지 20여 년을 살아오면서 부자가 될 기회를 두세 번 놓쳤다.

1996년, 신혼 시절 부동산에 대해서는 전혀 모를 때였다. 친정 오빠가 잠실에 있는 A아파트를 샀다며, 살 의사가 있으면 사라고 조언해 주었다. 당시 13평형이 1억 5,000만 원 선이었다. 그런데 종잣돈이 부족하다는 핑계로 투자하지 않았다. 물론 대출을 조금만 받아도 살 수 있었다. 하지만 그녀의 소심한 성격과 돌다리도 깨질 때까지 두들기며 건너는 의사 남편의 성격이 맞아떨어져 기회를 놓쳤던 것이다. 몇 년 후 종잣돈이 모아져 다시 투자하려고 했지만, 친정 오빠가 매수했던 금액을 알고 있던 터라 그 사이 비싸졌다는 생각으로 결국 투자를 포기했다.

또 한 번은 남편의 친구가 도곡동에 있는 B아파트를 추천해 주었다. 자녀들 키우기에 교육환경이 우수하고 재건축 얘기가 나오고 있어 자신도 투자했다면서 강력히 추천했다. 15평형이 1억 8,000만 원 선이었다. 그러나 그땐 재건축 이후 아파트의 미래가치를 몰라봤다. 또한 여전히 바쁘다는 핑계를 대며 차일피일 미루다 투자기회를 놓치고 말았던 것이다.

그때 투자를 놓쳤던 잠실과 도곡동의 아파트들은 재건축이 끝나 L아파트와 S아파트로 변해 있다. 이 두 건의 기회만 잘 잡아 투자했어도 지금 20억 원 정도의 돈을 벌었을 것이다. 돌이켜 보면, 종잣돈이 부족해서 투자를 못 한 것이 아니었다. 그렇다고 소심한 성격이나 우유부단함 때문만도 아니었다. 옥석을 가려낼 능력이 없었던 것이다.

그녀는 기회를 놓치고 나서 후회할 때마다 '재복을 타고 태어난 사람들이 부자가 되는 것'이라며, 지금 생각해 보면 말도 안 되는 생각으로 스스로 위안을 삼곤 했다. 그러나 지금은 기회를 놓쳤던 원인을 깨달으면서 세상에 공짜는 없다는 사실을 실감한다.

J씨는 지난해까지만 해도 남편의 은퇴에 대해서는 생각해 보지도 않았다. 그런데 최근 들어 남편이 "언제까지 일을 해야 되나?" 하고 묻는 횟수가 늘었다. 대기업에 다니는 친구들이 하나둘 조기 은퇴

한다는 얘기를 들어도 그냥 못들은 척했다. 그러면서도 한편으로는 남편도 조기 은퇴할 수 있다는 생각을 하는 순간 가슴이 철렁했다.

그녀는 40대 초반까지만 해도 남편의 은퇴에 대해 그저 막연하게만 생각했다. 여행이나 다니면서 지금까지 저축해 둔 종잣돈을 연금에 넣어 두고 살 생각이었다. 그런데 남들보다 앞서 은퇴부자가 되는 준비에 착수한 사람들과 함께하는 과정에서 그 생각이 완전히 바뀌었다. 지난날 투자의 기회를 놓쳤던 과오에 대해서는 깔끔하게 잊어버리기로 했다. 대신 앞으로는 절대로 타이밍을 놓치지 않을 작정이다. 또한 그동안 무심히 소비했던 유명 브랜드의 커피 값, 유행 따라 사들였던 명품 액세서리 등의 잘못된 소비습관이야말로 은퇴준비의 적이라는 생각이 들었다. 그녀는 낭비라고 생각되는 소비습관부터 고치기로 했다. 그리고 남편의 은퇴에 대비해 꾸준히 은퇴준비를 시작하기로 했다.

대부분의 사람들이 필연적으로 은퇴의 순간을 맞이한다. 현재와 같은 수준으로 고정적인 생활비가 나오지 않게 되는 그 순간을 대비하는 것은 너무도 당연한 일이다.

조기 은퇴. 누구나 생각조차 하기 싫은 현실이다. 그러나 빠른 속도로 진행되고 있는 고령화와는 반대로 경제활동 시기는 점점 줄어들고 있는 것이 명백한 현실이다. 기업의 구조조정이란 총탄을 피하지 못하고 40대에 조기 은퇴를 하는 사람들이 늘고 있다. 또한 기업에서 40대를 넘겼다 해도 오너의 친인척이 아닌 이상 정년을 보장받기는 힘들다. 실제로 많은 가장들이 정년을 채우지 못한 채 50대에 조기 은퇴를 강요당하고 있다. 현재와 같은 수준의 고정적인 생활비가 더 이상 나오지 않게 되는 것이다. 그 순간을 대비해 놓지 않으면 당장 생활고에 부닥치면서 행복한 은퇴생활에 빨간불이 켜질 것이다. 소득이 줄면 당연히 생활비도 비례해서 줄여야 하지만, 현실적으로는 그게 그렇게 녹록치만은 않다. 가족의 생계를 책임져 왔던 가장의 경우에는 극심한 우울증에 빠져 건강에 큰 상처를 입을 수도 있다.

월급쟁이든 자영업자든 은퇴는 누구나 피할 수 없는 현실이다. 국민연금이나 개연연금, 퇴직연금이 있다고 해서 은퇴준비를 끝냈다고 생각한다면 오산이다. 그 정도 준비로는 은퇴거지가 되지 않는다는 보장이 없다. 언제 닥쳐올지 모를 조기 은퇴에 대비하기 위해서라도, 미리미리 은퇴부자의 길로 들어서는 준비를 하기 위해서라도, 반드시 현재의 지출을 관리하고 줄여 나가는 연습이 필요하다.

예를 들어 날마다 소위 별다방, 콩다방에서 마시던 4,000원짜리 아메리카노 한 잔의 지출을 줄이면 1개월이면 12만 원, 1년이면 144만 원이 된다. 10년이면 1,728만 원을 모을 수 있다. 여기에 담배(2,500원)까지 끊으면 1개월에 7만 5,000원, 1년이면 90만 원, 10년이면 900만 원의 종잣돈을 모을 수 있다. 특히 자동차는 돈 먹는 하마이다. 아직 자동차가 없다면 사지 않는 것이 재테크를 위해서 좋다. 그런데 이미 자동차가 있다면 한 푼이라도 비용을 줄여야 한다. 자동차 10년 타기 시민운동연합에 따르면 차계부만 잘 써도 매월 5만 원 정도의 비용을 줄일 수 있다고 한다. 1년이면 60만 원, 10년이면 600만 원을 저축할 수 있는 돈이다.

은퇴준비는 1%의 금리에 연연하기보다 1만 원의 지출을 줄이는 것부터 시작하는 것이 마땅하다. 연금이나 보험에 가입하고 수익성 부동산에 투자하는 것도 좋지만, 은퇴준비의 시작 단계에서는 잘못된 혹은 나쁜 소비습관을 바로잡는 것이 매우 중요하다. 여윳돈이 없어서 은퇴준비 못한다고 처음부터 단정 짓지 말라. 마하트마 간디는 "내가 그 일을 함으로써 내게 그 일을 할 능력이 생긴다"고 했다. 잘 생각해 보라. 분명 당신에게도 불필요한 지출습관이나 바로잡아야 할 나쁜 소비습관이 있을 것이다. 독하게 커피와 담배부터 끊어라. 그리고 습관을 바꿔 보라. 당신도 충분히 은퇴부자가 될 수 있다.

다시 한번 강조하지만, 은퇴부자들은 운이 좋아서 혹은 재복을 타고나서 부자가 된 것이 아니다. 그들은 꾸준히 자산관리에 대해 공부하며, 일상생활 속에서 무심코 소비해 버리는 낭비 요소를 철저하게 관리했기에 노년의 여유와 행복을 보장받게 된 것이다.

은퇴준비, 소득이 아니라 마음가짐에 달렸다

C그룹에 다니는 D씨(38세).

D씨가 10년 전 회사에 처음 들어갔을 때만 해도 은퇴준비 같은 것은 꿈에도 생각해 본 적이 없었다. 당시는 월급 가운데 얼마를 결혼 자금을 위해서 모을 뿐이었다. 결혼 후에는 내 집 마련을 위해서 돈을 모았다. 2010년, 결혼 5년 만에 부모님의 도움으로 내 집 마련에 성공했다. 집 장만 이후에는 인생을 좀 즐기면서 살았다. 우선 자동차부터 바꿨다. 맞벌이를 한다는 핑계로 집에서는 밥을 해 먹지 않았다. 심지어 주말까지도 외식에 의존했다. 휴가철만 되면 아내와 일정을 맞춰 해외로 나가기 바빴다. 소득은 한정되어 있는데, 과소비에 따른 지출이 팍팍 늘어났다. 급기야 만기가 되지 않은 적금통장을 깨 가면서까지 소비에 열을 올리고 있었다. 그런데도 위

기의식은 전혀 없었다. 아직 젊다는 것, 또 벌면 된다는 이유 때문이었다.

어느 날 입사동기인 친구와 저녁을 함께하는 자리에서 재테크 이야기가 나왔다. 그런데 친구는 이미 내 집 마련을 끝내고 지금은 은퇴준비를 하고 있다는 것이었다. D씨는 친구에게 "야~ 친구야, 지금 우리 나이에 좀 즐길 줄 알아야지 은퇴준비가 다 뭐냐"라며 비아냥거렸다. 친구는 대답 대신 지난해 명예퇴직한 자금부장 이야기를 들려줬다. 입사 이후 쭉 승승장구하던 실력 있는 부장이었다. 하지만 줄을 잘못 서는 바람에 낙마해 강제 비슷하게 명예퇴직 당했다는 것이 정설이다.

그런데 퇴직 후, 부장의 생활이 끝없이 추락하고 있다는 것이다. 자타 공인 미래의 사장까지 승진할 사람이었다. 부장이 40대 후반에 명예퇴직을 당할 것이라고는 아무도 예상하지 못했다. 당연히 은퇴준비도 거의 무방비 상태나 다름없었다. 여기에 재취업에까지 실패하면서 결국 이혼까지 당했다고 한다. 불행은 예고 없이 찾아오는 법, 그것이 용케 나만 비껴갈 거라는 생각은 위험하기 짝이 없다. 친구는 은퇴준비를 미리부터 시작하지 않으면 은퇴 후 가정이 깨지는 것은 시간문제라고 했다. 술기운이 확 깼다.

D씨는 계속해서 친구가 어떻게 은퇴준비를 하고 있는지 들어 보았다. 친구는 지금도 월급의 절반은 우선적으로 저축하고 나머지를

생활비로 사용한다고 했다. 그렇다고 은퇴준비를 요란하게 하지는 않는다고 했다. 종잣돈을 빨리 모으기 위해 주식에 투자하는 일도 없었다. 고수익 상품 곁에는 얼씬도 안 한다고 했다. 거북이처럼 천천히 그러면서 꾸준히 돈을 모은다는 것이다. 비법이 있다면, 연말정산에 혜택이 있고 세금우대 또는 비과세상품을 이용해 종잣돈을 마련하는 것이었다. 그리고 2011년에 역삼동에 있는 I아파트(전용면적 33.05㎡)를 3억 1,000만 원에 투자(대출금 1억 2,000만 원)해 대출이자(38만 원)를 공제하고도 매월 100만 원의 임대수익을 올리고 있다고 했다. 친구는 나지막으로 은퇴준비는 돈 있는 사람들만 하는 거라는 편견을 깨라는 말로 술자리를 마무리했다.

D씨는 충격을 받았다. 신입사원 시절부터 친하게 지내던 동기였기에 더 배가 아팠다. 지난 10년 간 똑같은 월급 받아 가며 직장생활을 했는데, 현재 친구와 자신은 비교할 수 없을 정도로 자산에 있어서 차이가 났다. 친구는 지금까지 신혼여행이 해외여행의 전부였던 반면에 D씨는 시도 때도 없이 해외여행을 다니며 계획 없이 돈을 쓴 당연한 결과였다.

그는 몇 개월 동안 친구의 이야기를 곱씹어 봤다. 지난해 명예퇴직을 당한 부장님 사연도 머릿속에서 지워지지 않았다. D씨는 배만 움켜잡고 있을 수만은 없었다. 특히 은퇴준비는 돈 있는 사람들만 하는 거라는 편견을 깨라는 충고의 한 마디를 잊을 수가 없었다. 그래서 용기를 냈고, 친구의 도움으로 은퇴준비를 시작한 지 1년이 좀 지났다. 그는 부부 합산 소득의 60%는 무조건 저축함으로써 5,000만 원 정도를 모을 수 있었다. 그동안 누렸던 많은 것들을 참아야 했기에 처음에는 물론 힘이 들었다. 하지만 앞으로 2년 정도만 더 종잣돈을 모으면 친구처럼 소형 아파트에 투자하여 임대수익을 기대해 볼 수도 있을 것 같다.

은퇴준비는 처음부터 왁자지껄하게 시작하는 것이 아니다. 가랑비에 옷 젖는 줄 모르게 시작하면 된다. 월급쟁이들뿐만 아니라 자영업자인 경우에도 은퇴준비는 반드시 필요하다. 당장 먹고 살 것도 없는데, 무슨 놈의 은퇴준비를 하냐고 반문할 수도 있다. 그러나 은퇴준비는 소득이 많은 사람들만 하는 것은 아니다. 오히려 소득이 작을수록 더 적극적으로 은퇴준비에 나서야 한다. 은퇴준비는 소득이 작아서 못하는 것이 아니라 마음이 없어서 안 하는 것이다.

마음가짐 하나 바꾸는 것으로 인생이 바뀔 수 있다. 못 한다는 마음을 할 수 있다는 마음으로 바꿔 보라. 현재 처지가 어떠하든, 누구나 은퇴준비를 시작할 수 있다. 분명한 것은 은퇴준비를 시작해야 은퇴부자가 될 수 있다는 것이다. 오프라 윈프리는 "나의 미래가 어떨지는 모르지만 누구에게 달려 있는지는 안다"고 했다. 당신의 미래는 그 누구도 아닌 분명 당신에게 달려 있다. 행복한 은퇴부자를 만드는 것도 당신의 마음가짐에 있다는 사실을 명심하라.

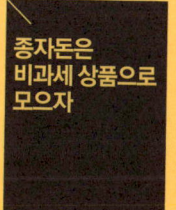

우리나라 소득세법상 해당 금액을 10년 이상 유지하게 되면 세금을 매기지 않는다. 이를 감안하면 '저축보험'은 대표적인 비과세 상품이다. 월급쟁이 또는 자영업자들이 종자돈을 만들기에 아주 좋은 수단이다.

예를 들어 저축보험의 경우 매월 50만 원씩 5년간 납입하고 5년 동안 거치했을 때, 환급률이 127.26%가 되며 38,179.263원(금리 4.02%)을 받을 수 있다. 하지만 정기적금(매월 50만 원, 5년 납입, 5년 동안 거치)의 경우, 환급률은 118.44%로 35,533,486원(금리 2.90%)을 받을 수 있을 뿐이다. 저축보험으로 종자돈을 모았을 때 무려 2,645,777원을 더 모을 수 있다는 이야기다.

chapter 2

그들이
은퇴부자가
될 수밖에 없는
이유

은퇴부자들

자산 구조조정만으로
월수입 20% 늘릴 수 있다

가정주부 L씨(45세).

그녀는 고등학교에 다니는 두 명의 자녀를 두었다. 결혼 후 지금까지 별 어려움을 모르고 살아왔다. 자녀들도 잘 자라줬고, 남편도 안정된 직장생활을 하고 있었다. 여기에 30대 중반에 부모님의 도움을 받아 개포동에 있는 K아파트도 장만했다. 그녀는 재테크에 열심인 친구들을 보면, '내 집 한 채만 있으면 되지 뭐가 더 필요해'라는 생각뿐이었다. 지금 생각해 보면, 그땐 세상을 잘 모르는 철없는 주부였기에 자만했다.

L씨를 처음 본 것은 보육원 봉사활동에서였다. 봉사자들과 함께 스스럼없이 어울려 밥을 짓고 청소도 하는 그녀는 활달한 성격이었다. 아이들과 잘 놀아주는 자상한 엄마의 모습도 있었다. 그녀는 봉

사활동에 나오기 전까지는 은퇴준비는 물론이고 재테크에 대한 관심조차 전혀 없었다. 그런데 봉사자들끼리 무심코 노후에 관한 이야기를 나누다가 충격을 받았다. 대부분의 봉사자들이 열정을 갖고 미리부터 은퇴준비에 임하고 있었기 때문이다. 그중 일부는 적은 월급에도 허리띠를 졸라매며 은퇴준비에 열심이었다. 더욱 놀랐던 것은 아직 미혼인 20대 봉사자도 직장생활을 시작한 첫 해부터 벌써 은퇴준비를 시작했다는 사실이다.

그렇다고 이들 자원봉사자들이 투기를 일삼는 소위 '강남 사모님'들인 것도 아니었다. 한 달에 한 번 봉사활동을 통해 살아가는 이야기도 나누고, 그러면서 건전한 재테크 정보도 공유하는 건강한 사람들이었다. L씨는 알뜰살뜰 은퇴준비를 시작한 그들을 보면서 문득 가족에게 미안한 마음이 들었다.

그동안 L씨는 남편이 평생 월급을 가져다줄 것처럼 착각하고 살았다. 남편은 이미 50대 초반에 들어섰는데도 은퇴 뒤는 생각해 본 적도 없다. 그러다 문득 정신을 차리고 남편의 정년을 계산해 보니 은퇴까지는 불과 7,8년밖에 남지 않았다는 것을 알게 되었다. 이후부터는 은퇴준비에 관심을 갖게 되었다. 금융기관에서 주최하는 자산관리 세미나에 '은퇴' 자만 붙어 있어도 전부 쫓아다녔다.

한 달 뒤 봉사활동에서 다시 만난 L씨는 많이 달라져 있었다. 그녀는 평소 금융자산을 선호했다. 그래서 은퇴준비도 보험과 연금을 비롯한 금융상품으로만 생각하고 있었다. 그런데 이게 웬일인가? 봉사자들 대부분이 부동산을 빼놓지 않고 얘기하는 것이 아닌가. 그녀는 저축이나 보험 등의 금융상품이 아닌 부동산으로 은퇴준비를 한다는 것이 일단 너무 놀라웠다. 게다가 은퇴부자가 되는 지름길이 수익성 부동산을 준비하는 것이라니, 그 전에는 생각도 못해 본 정보였다.

남녀와 노소를 가릴 것 없이 하루라도 빨리 시작해야 하는 것이 바로 은퇴준비이다. 현역에서 은퇴한 사람들이 가장 무서워하는 것이 노년무전이라고 한다. 기초생활비도 부족해 남은 날들을 걱정해야 하는 불안뿐인 은퇴생활! 지금 바로 준비하지 않으면 누구나 경험할 수 있다. 불교에서 '생자필멸生者必滅'이라는 얘기를 한다. 태어난 사람은 반드시 죽는다는 뜻이다. 그런 세상 이치를 떠올려보면 시작만 하고 끝을 준비하지 않는 인생이야말로 불행을 자초하는 삶이다.

L씨는 '자산관리 멘토스쿨'에 입학하면서부터 은퇴준비를 본격적으로 시작했다. 공부를 하면서 다양한 자산 바구니가 있다는 사실을 알았다. 여기에 금융자산보다 실물자산인 부동산이 더 중요하다는 사실도 깨달았다. 처음엔 부동산을 탐탁지 않게 생각했지만, 이

제는 무식이야말로 은퇴부자가 되는 길에 가장 큰 걸림돌이라는 것도 알았다.

그녀는 서서히 은퇴준비에 자신감을 찾으며 작은 것부터 한 가지씩 실행에 옮기기 시작했다. 총자산은 정기예금 1억 5,000만 원과 살고 있는 아파트(61.19m^2, 시세 6억 5,000만 원), 그리고 몇 해 전에 상속받은 충남 예산에 있는 땅(전, 3,400m^2)이 전부였다. 지금 남편의 월급(600만 원)으로는 교육비 때문에 수입과 지출이 비슷했다. 도저히 은퇴준비를 할 여윳돈이 생기지 않았다. 그래서 L씨는 배운 대로 먼저 자산을 구조조정하기로 했다.

돌아가신 부모님으로부터 물려받은 땅(전, 3,400m^2)을 처분하기로 결정한 것이다. 그녀는 평소 땅에 애착이 많던 남편을 설득하기 위해, 지금껏 공부한 대로 그 땅의 미래가치를 꼼꼼히 따져 보았다. 역시 용도지역이 생산관리지역으로 미래가치가 불투명해 보였다. 이것으로는 은퇴한 이후에도 매월 일정 규모의 수익을 기대하기는 어렵다고 판단했다. 그녀는 땅을 처분하기 위해 서울과 예산을 수십 번 오갔다. 결국은 동네 이장님의 도움을 받아 1년 6개월 만에 1억 6,000만 원을 받고 처분했다. 은퇴준비를 위한 종잣돈을 마련한 셈이었다.

그리고 2012년, 그녀는 매월 임대수익이 나오는 소형 아파트에 투자했다. 월세 수요가 꾸준히 나오는 원주에 소재한 대학가 주변의 H아파트(51.54㎡) 두 채를 1억 2,000만 원에 사들여 임대수익 (120만 원)을 얻고 있다. 자산의 구조조정을 통해 월수입을 20% 증가시킨 것이다. 그녀는 늘어난 수입으로 10년 동안 납입하는 연금저축에 가입했다. 덕분에 57세부터 100세까지 매월 64만 원의 연금수입도 기대하고 있다. 만약 L씨가 아파트 투자를 통한 돈으로 연금에 가입하는 대신 곧바로 종신연금(1억 2,000만 원)에 가입했다면, 종신토록 받을 수 있는 연금(42만 원 예상)이 다였을 것이다. L씨는 앞으로 7~8년 후에 있을 남편의 은퇴를 예상하면서 좀 더 행복한 은퇴생활을 위하여 또 다른 수익성 부동산에 투자하려는 노력을 게을리하지 않고 있다. 남편이 은퇴 후 받게 될 국민연금(150만 원 예상)과 퇴직연금(80만 원 예상)까지 감안하면 행복한 은퇴생활에 자신감이 생기기 시작했다.

　　은퇴부자가 되는 사람들이 가장 먼저 준비하는 것은 수익성 부동산이다. 매월 꾸준히 수익이 생기는 부동산을 찾아 투자한다. 투자할 돈이 부족하다고 투덜대기 전에 L씨처럼 자산을 거꾸로 뒤집어 보라. 그리고 자산의 구조조정을 해 보는 것이다. 비 수익성 부동산이 있다면, 수익성 부동산으로 갈아타라.

　　은퇴준비는 더 이상 미룰 수 없는 현실이다. 사실 조기 은퇴, 수명 연장, 물가 상승과 일자리 부족 등 얘기만 들어도 은퇴를 앞두고 있는 사람들의 가슴을 꽉 막히게 하는 변수들이 너무 많다. 여기에 전 세계적으로 유례가 없을 정도로 경제가 불안한 시대에 살고 있는 것을 감안하면 국가의 복지정책이나 국민연금에만 의존해서는 더 이상 나 자신과 가족의 행복한 미래를 보장할 수가 없다.

물론 은퇴부자를 무조건 돈의 양으로 따지는 것은 아니다. 은퇴

L씨의 자산 / 월 수입·지출의 변화 및 은퇴부자 수입 예상

〈자산의 변화〉

은퇴준비 전		은퇴준비 후	
아파트	6억 5,000만원	아파트	6억 5,000만원
땅	1억 6,000만원	아파트(수익성)	1억 2,000만원
금융자산(예금)	1억 5,000만원	금융자산(예금)	1억 9,000만원
합계	9억 6,000만원	합계	9억 6,000만원

〈월수입·지출의 변화〉

은퇴준비 전				은퇴준비 후			
수입		지출		수입		지출	
월급	600만원	월급	600만원	월급	600만원	월급	600만원
				임대수입	120만원	연금저축	120만원
합계	600만원	합계	600만원	합계	720만원	합계	720만원

〈은퇴부자 월수입(예상)〉

은퇴준비 전		은퇴준비 후	
국민연금	150만원	국민연금	150만원
퇴직연금	80만원	퇴직연금	80만원
		연금(은행)	64만원
		임대수입	120만원
합계	230만원	합계	414만원

뒤의 행복의 크기가 은퇴부자의 잣대라는 사실을 염두에 두어야 한다. 행복한 은퇴생활을 위해서는 어느 정도의 경제력이 필요할 뿐이다. 그리고 이를 위해 당신도 하루 빨리, 더는 지체 말고 당장 은퇴준비를 시작하라.

똘똘한 부동산 하나, '못된 부동산' 열 개 안 부럽다

은퇴준비에 관심이 많았던 P씨(53세).

그녀의 남편은 G기업 임원으로 재직 중이지만 정년퇴직이 불과 3~4년밖에 남지 않았다. 그동안은 남편이 가져다주는 월급으로 자식들 대학까지 졸업시켰다. 살림도 알뜰하게 챙겨 가며 푼돈을 모아 목돈을 만들었다. P씨는 남편이 월급쟁이였기 때문에 재테크를 하지 않을 수 없었다. 지금도 금융자산을 정기예금보다 ELS, ELD, 선박펀드 등에 분산해 운영하고 있다. 물론 부동산 투자에도 관심이 많았다. 신문에 나오는 유망지역 이곳저곳을 참 오랫동안 둘러보고 다녔다. 신도시의 모델하우스는 거의 빼놓지 않고 찾아다녔다. 여기에 재건축 아파트를 비롯해 재개발, 상가 등 수도 없이 많은 종류의 물건들을 보았다. 이렇게 부동산에 관심을 쏟았던 이유는 금융자산에 편중되어 있던 자산을 분산시키고 싶었기 때문이다. 그런데 결정적으로 그녀는 부동산 투자에 대한 의지는 매우 강했던 반면, 부동산에 대한 이론적인 지식과 실전경험은 많이 부족한 상태였다.

2003년, P씨는 드디어 1차 부동산 투자에 나섰다. 홍제동에 있는 I아파트(114.9m^2, 시세 4억 5,000만 원)가 나름대로 미래가치가 있다고 판단해서 사들였다. 이후 아파트 가격은 8억 원 후반 대까지 급속하게 올랐다. 여기에 힘입어 2005년에 두 번째 부동산 투자에 팔을 걷어붙이고 나섰다. 그녀도 재개발 광풍을 피하지는 못했다. 급기야 한남동 재개발 지역의 단독주택(165.28m^2)을 전세(2억 3,000만 원)를 끼고 8억 1,000만 원에 투자했다. 한때 13억 원 후반대까지 가격이 폭등했다. 당시만 해도 재개발 투자도 성공이었다고 자부하고 있었다.

그러나 2007년 글로벌 금융위기와 함께 부동산 시장이 꽁꽁 얼어붙기 시작했다. 부동산 매매가 줄어들면서 가격이 끝도 없이 떨어지고 있었다. 행복한 은퇴생활을 준비하기 위해 투자했던 부동산인데, 그 가격이 떨어지는 것을 보고 있자니 가슴만 답답할 뿐 조금도 행복하지가 않았다. 한동안 아무것도 할 수 없었다. 부동산에 투자한 것이 잘한 일인지 아닌지 판단이 서지 않았다. 그 부동산을 처분하려고 아무리 애를 써도 팔리지가 않았다. 그냥 보유하고 있을 수밖에 없는 상황이었다.

　더 이상 혼자만 고민하고 있을 수는 없었기에 P씨는 돌파구를 찾기로 했다. 그렇게 처음 P씨와 만나게 되었는데, 그녀는 첫 강의를 들으면서 바로 새싹이 아스팔트를 뚫고 올라오는 듯한 신선한 충격을 받았다고 했다. 부동산 투자야말로 행복한 은퇴생활을 위해 선택이 아닌 필수라는 사실! 그리고 일견 당연한 말로 들리겠지만, 부동산은 여기저기서 들은 정보로 막무가내 투자하면 절대 안 되며, 똘똘한 부동산, 즉 제대로 된 수익성 부동산 하나에만 투자하라는 것! 바로 그것을 깨달았다. 더 나아가 잘못 투자된 부동산은 더 늦기 전에 정리해야 한다는 것이었다. 미래가치가 없는 부동산인 줄 알면서도 무작정 보유하거나, 심지어는 자녀에게 물려주겠다는 생각은 은퇴준비에 있어 가장 위험한 생각이라는 것을 알게 되었다.

　P씨는 하루하루 더 배워 가면서 아파트는 물론이고 재개발 지역에 투자한 단독주택까지 처분해야 한다는 사실도 깨달았다. 그래서 처분이 될 때까지 전세가 아닌 월세로 전환하기로 했다. 그러나 P씨는 잠시 아파트를 처분하는 것에 대해서는 망설였다. 투자시점 대비 가격이 올랐기 때문이다. 하지만 최고가격 대비 계속 떨어지고 있었고, 더 늦기 전에 처분하는 것이 유리하다는 판단이 들었다. 하루가 멀다 하고 동네 중개업소에 들락거렸다. 하지만 좀처럼 매수자가 나타나지 않았다. 중개업소에는 매도해 달라는 물건만 수북

이 쌓여 있는 상태였다. 그래도 중개업소를 3개월 간 거의 매일 찾아가다시피 한 끝에 2011년에 무학동 I아파트를 7억 3,000만 원에 처분하는 데 성공했다. 다행히 2억 8,000만 원 정도의 자본수익을 얻었다. 아파트를 처분한 이후에 가격은 1억 원 정도 더 떨어진 상태이다.

한편 아파트는 처분했지만 재개발 주택은 처분될 가능성이 전혀 보이지 않았다. 시세도 투자한 가격 대비 2억 5,000만 원~3억 6,000만 원 정도 떨어진 상태였다. 그렇다고 무작정 처분이 될 때까지 기다릴 수는 없었다. 그래서 전세를 월세로 전환하기로 했다. 6개월 정도를 애쓴 덕분에 월세(보증금 5,000만 원, 월 200만 원)로 전환했다. 월세는 이자수입 일부를 합쳐 차곡차곡 연금에 넣고 있다. P씨는 아파트를 처분함으로써 은퇴준비 이전에는 400만 원이던 월수입을 1,000만 원까지 늘릴 수 있었다.

P씨는 40대 초반에 은퇴준비를 시작했다. 행복한 은퇴생활을 위해 그렇게 빠른 시작이었다고는 볼 수 없지만, 알뜰하게 모은 종잣돈으로 금융자산뿐만 아니라 부동산에 투자하는 것도 시도했으니 그만하면 성공적이라고 생각했다. 그러나 미래가치를 따져보지 않고 부동산에 투자하는 것은 시장의 위험을 떠안는 것이나 다름없다. 특히 비 수익성 부동산이나 재개발에 투자하는 것은 은퇴준비를 거꾸로 하는 것이다. 투자기간의 종료 시점을 가늠할 수 없기 때

문이다. 더 나아가 자본수익이 거의 없기 때문에 행복한 은퇴생활에는 전혀 도움이 안 되는 것이다.

부동산을 많이 소유한다고 해서 은퇴부자가 되는 것은 아니다. 오히려 보유세의 영향으로 무거운 짐이 될 수도 있다. 한마디로 '못된 부동산'은 빨리 처분하는 게 정답이다. 그렇다면 어떤 기준이 필요할까? 우선 주거환경을 비롯해 교육 및 교통환경이 떨어지는 지역은 매도해야 한다. 여기에 편의시설이 부족한 경우에도 파는 데 미련을 갖지 말아야 한다. 좀 더 구체적으로 살펴보자.

첫째, 아파트의 경우 '나 홀로 아파트'를 비롯해 가구 수가 적거나 재건축에 따른 자산가치 상승이 불투명하다면 계속 보유하기보다는 매도를 고려해야 한다.

둘째, 단독주택이나 다세대·다가구주택의 경우, 재개발 가능성이 희박한 경우라면 빨리 처분하는 것이 좋다. 단독주택 등은 세월이 흐를수록 건물 수리비는 늘어나는 반면 자산가치는 오히려 떨어질 수 있다.

셋째, 오피스텔의 경우 일반적으로 임대수익만을 보고 투자했다면 자본수익의 상승 가능성을 확인해 봐야 한다. 만약 미래가치가 없다고 판단된다면 즉시 처분하는 것이 좋다.

넷째, 연립주택 또는 빌라의 경우인데, 이 때는 우리나라 주거문

P 씨의 자산 / 월 수입·지출의 변화 및 은퇴부자 수입 예상				

⟨ 자산의 변화 ⟩

은퇴준비 전		은퇴준비 후	
아파트	7억 3,000만원	아파트(전세금)	4억 5,000만원
단독주택	8억 1,000만원	단독주택	8억 1,000만원
금융자산(예금)	5억 5,000만원	금융자산(ELS 외)	10억 1,000만원
합계	**20억 9,000만원**	**합계**	**22억 7,000만원**

⟨ 월수입·지출의 변화 ⟩

은퇴준비 전				은퇴준비 후			
수입		지출		수입		지출	
월급	800만원	월급	700만원	월급	800만원	생활비	700만원
이자수입	100만원	저축(펀드)	300만원	임대수입	200만원	연금저축	400만원
				이자수입	400만원	저축(펀드)	300만원
합계	**900만원**	**합계**	**1,000만원**	**합계**	**1,400만원**	**합계**	**1,400만원**

⟨ 은퇴부자 월수입(예상) ⟩

은퇴준비 전		은퇴준비 후	
국민연금	150만원	국민연금	150만원
퇴직연금	100만원	퇴직연금	100만원
이자수입	150만원	연금(은행)	**150만원**
		임대수입	200만원
		이자수입	400만원
합계	**400만원**	**합계**	**1,000만원**

화가 아파트로 바뀌고 있다는 점을 고려해야 한다. 이는 아파트가 아닌 경우에는 수요자가 줄어들고 있다는 얘기다. 특히 소규모 주택단지일수록 투자가치는 하락할 수 있으므로 처분하는 것이 좋다.

앞서 말했듯, 은퇴부자가 되기 위해 부동산 투자는 선택이 아닌 필수이다. 그러나 부동산에 투자하는 것은 자칫 잘못하면 약이 아니라 독이 될 수 있다. 행복한 은퇴생활을 하기 위해서는 근심거리를 만들지 말아야 한다. 은퇴부자가 되는 사람들은 부동산에 욕심을 부리지 않는다. 오히려 잘못 투자된 부동산을 하루라도 빨리 처분하려고 한다. 부동산은 제대로 된 것 하나, 즉 알짜배기 수익성 부동산 하나면 만족해도 좋다. 수익성을 기준으로 한 제대로 된 부동산이 아니라 부동산의 숫자에 집착해서는 절대 은퇴부자가 될 수 없다. 미래가치가 없는 것은 과감하게 버리는 것이 옳다.

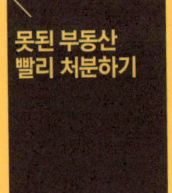

못된 부동산 빨리 처분하기

수리해서 처분하라. 주택이 안 팔린다고 해서 가격만 싸게 내놓는 경우가 있는데, 그렇다고 해결이 되지는 않는다. 매수자 입장에서 생각해 보면 같은 값이거나 다소 비싸더라도 잘 수리되어 있고 깨끗한 주택에 투자할 것이다. 같은 종류의 과일이라도 싱싱하고 상처가 없는 과일이 먼저 팔려 나간다는 것을 간과하지 말아야 한다. 따라서 빨리 처분하기 위해서는 우선 주택을 수리해서 시장에 내놓는 것이 좋다.

부동산은 주식, 연금보험은 간식

Y기업에 다니는 K씨(48세).

그는 10년 전, 같은 부서에 있던 40대 후반의 M부장이 갑작스럽게 명예퇴직 당하는 것을 지켜보았다. 아무런 준비도 되지 않은 상태에서 회사를 떠날 수밖에 없었던 M부장의 뒷모습은 쓸쓸해 보였다.

그때의 기억으로 K씨는 은퇴준비의 필요성을 절실하게 느끼게 되었다. 그리고 곧바로 은퇴준비를 시작했다. 하지만 처음엔 방법을 잘 몰라 그저 막연하게 연금과 보험 정도만 있으면 되겠지 싶었다. 그래서 묻지도 따지지도 않고 건강보험(매월 5만 원)과 자신이 사망하게 되면 상속자들이 받게 될 종신보험(매월 10만 원)에 가입했다. 여기에 국민연금만으로는 부족할 것 같아 개인연금(매월 50만 원)까지 가입했다. 이렇게 매월 연금과 보험에 저축을 들고 나니 든든한 생각이 들었다. 이후로 은퇴준비에 대한 생각은 잊고 살았다. 그런데 최근 회사에서 마련해준 '행복한 은퇴준비'라는 세미나를 듣고 난 뒤부터 스멀스멀 불안해지기 시작했다. 금융상품 몇 개로 행복한 은퇴생활을 보장받을 수는 없다는 사실을 깨달았다.

  K씨는 곰곰이 생각해 보았다. 10년 전 명예퇴직을 당한 M부장의 모습을 새삼 떠올리며 자신의 현주소를 점검해 보았다. 결과는 참담했다. 은퇴 후 60세가 넘어서 받게 될 국민연금(150만 원, 종신 예상)과 퇴직연금(80만 원, 100세까지 예상), 그리고 10년 동안 적립식으로 가입했던 개인연금(26만 원, 100세까지 예상)을 합쳐도 매월 256만 원 정도의 수입을 기대할 수 있을 뿐이었다. 더군다나 제대로 살펴보지도 않고 가입했던 건강보험은 모든 질병에 대해 보장을 해주는 것이 아니라, 암(5종류)에 대해서만 보장이 되는 것이었다. 가령 심장질환이나 당뇨 등으로 인해 위험에 처하게 되면 전혀 보장을 받을 수 없는 상태였다. 또한 종신보험은 사망할 경우에만 최고 6,000만 원이 지급되는 것이었다. 이런 것들 대부분 막상 은퇴생활을 하는 동안에는 도움 될 게 없는 금융상품들이었다. 지금의 생활비 지출(매월 500만 원)을 감안하면 턱없이 부족한 은퇴준비를 하고 있었던 것이다. 특히 종신보험의 경우에는 10년 전에 가입할 때는 상속자들이 받게 될 보험금(6,000만 원)이 큰돈이라고 생각했었

다. 하지만 10년이 지난 지금의 물가상승률을 감안해 보니, 서울 변두리에서조차 전셋집 하나도 얻을 수 없는 돈이었다. 여기에 자식들 결혼자금 준비는 시작도 못하고 있었다. 조목조목 따져보니 허술하기 짝이 없던 은퇴준비에 K씨는 마음이 급해졌다. K씨는 지금까지 은퇴준비는 금융자산으로만 하는 줄 알고 있었다. 한마디로 숟가락만 있고 먹을 수 있는 밥은 없는 격이었다. 그는 부동산으로 은퇴준비를 해야겠다는 생각은 한 번도 하지 못했다.

K씨는 은퇴하기 전까지 수익성 부동산에 투자할 것을 자문 받았다. 실물자산인 부동산으로 안전하게 은퇴준비를 해놓을 필요가 있었다. 또한 건강보험과 자녀 결혼자금에 대해서는 추가적인 준비가 필요한 상태였다. 그리고 자문을 받은 대로 실행에 옮기기 시작했다.

매월 200만 원~300만 원 정도 나오는 부동산에 투자하는 것이 목표였다. 수익성 부동산에 투자하기 위한 종잣돈은 우리사주(3억 1,000만 원 정도)를 처분해서 마련하기로 했다. 물론 부족한 돈은 대출을 좀 받기로 했다. K씨는 부동산 공부를 병행해 가며 중개업소를 찾아다녔다. 하지만 쉽지는 않았다. 그는 6개월 이상을 고생한 끝에 2013년에 빵집이 세 들어 있는 아파트 상가($67m^2$)를 발견했다. 장사가 잘 되는 곳인지 확인하기 위해 2주간에 걸쳐 아침저녁으로 현장을 수없이 방문해 봤다. 급매물 가격이 4억 1,000만 원이었다. 임대수익률은 6.6%(보증금 5,000만 원, 월 200만 원) 정도 나왔다. 대출금이 1억 원가량 필요했고, 이에 대한 대출이자(30만 원)를 내고도 매월 170만 원 정도의 임대수익이 생기는 셈이었다. 결국 K씨는 전문가의 자문을 받아 아파트 상가에 투자했다. 그리고 수익성 상가에서 나오는 월세를 받아 자녀들 결혼자금을 위해 목돈마련에도 나섰다. 여기에 배우자와 함께 건강보험을 추가적으로 가입했다.

은퇴준비를 하는 데 있어 부동산을 빼놓고는 아무 얘기도 할 수가 없다. 그런데 대부분의 사람들은 은퇴준비를 연금 또는 보험상품 한두 개에 의지하고 있는 것이 현실이다. 물론 부동산만 가지고도 은퇴준비가 끝났다고 볼 수는 없을 것이다. 은퇴준비는 부동산과 금융상품을 조화롭게 준비해야 한다. 이때 부동산은 철저하게 자본수익과 임대수익을 얻을 수 있는 미래가치가 뒷받침되는 것이어야 한다. 단순하게 무조건 아파트에 투자해서는 안 된다는 얘기다. 수익성 부동산으로 은퇴준비를 해놓으면, 은퇴생활의 절정기인 7080이 되어도 물가상승률의 위험에서 벗어날 수 있다.

한편 은퇴준비를 전부 부동산으로만 할 수는 없는 노릇이다. 은퇴생활이 시작되어도 자식들이 결혼하지 않은 경우에는 목돈이 필요할 것이다. 이렇게 목적자금에 사용하기 위한 종잣돈은 절대로 은퇴 후에는 마련하기가 어렵다. 은퇴 이전에 푼돈으로 목돈을 만

들어나가야 한다. 현재 소득의 일부를 꾸준히 적립하게 되면 큰 힘을 발휘할 수 있는 목돈이 된다. 소액이라고 망설이지 말고, 꾸준히 적립하는 것이 목돈을 마련하는 데에는 매우 중요하다. 그리고 노년에 불청객으로 찾아오는 병마와 싸우기 위해서는 건강보험도 빈틈없이 준비해 놓아야 한다. 하지만 건강보험은 가입하기는 쉬워도 보험금을 받기는 어렵고 까다롭다는 사실을 알아야 한다. 묻지도 따지지도 않고 보험에 가입했는데 막상 병원 신세를 지게 되었을 때 보험금을 받기가 굉장히 어렵다는 얘기다. 따라서 건강보험에 가입할 경우에는 자신한테 필요한 혜택이 보장되는지 꼼꼼하게 따져 보고 가입해야 한다.

일반적으로 은퇴준비는 부동산을 줄여 여러 개의 금융자산으로 준비해 놓는 것이라고들 생각한다. 물론 잘못된 정보이다. 투자의 귀재 워런 버핏은 "다른 사람과 반대로 투자하라"고 조언한다. 《사기史記》에 '인기아취人棄我取'라는 말이 있다. 남들이 버릴 때 나는 산다는 뜻이다. 대부분의 사람들이 은퇴준비를 금융자산으로만 할 때, 분명 수익성 부동산으로 준비할 필요가 있다.

사람의 몸에 영향 불균형이 생기는 것은 음식을 골고루 먹지 않고 편식하기 때문이다. 은퇴준비도 마찬가지이다. 금융자산 한쪽으로만 치우쳐서 은퇴준비를 해 놓으면 경제적인 위험에 처할 수 있다. 분명한 것은 은퇴생활에는 반드시 수익성 부동산이 함께해야 한다는 것이다. 행복한 은퇴생활을 하는 데 있어서 주식主食이 부동산이라면, 간식間食은 금융상품인 연금·보험이다. 당신도 한번 점검해 보길 바란다. 연금·보험 몇 개 가입했다고 해서 행복한 은퇴생활이 보장되는 것은 아니라는 점을 명심하자. 행복한 은퇴생활을 위해 수익성 부동산으로 튼튼한 기둥을 세워 두라. 그리고 금융상품으로 문지방을 만들어 놓아라.

건강보험 잘 가입하는 법

첫째, 보험료가 주기적으로 올라가는 갱신형보다, 전액 납부할 때까지 보험료 변동이 없는 것이 좋다. 여기에 보험료 납부기간 동안 보험금을 받게 되는 경우 보험료가 면제되는 보험이 좋다.

둘째, 보장기간이 70세 또는 80세까지인 것보다 100세 또는 종신형인 것이 좋다.

셋째, 중대한 질병에 대해서만 보장되는 것이 아니라, 일반 질병에 대해서도 포괄적으로 보장되는 것이 좋다.

넷째, 보험료가 소멸되는 것이 아닌 연금으로 전환되는 것이 좋다. 따라서 건강보험에 가입하는 경우에는 국내외 여러 곳의 보험사 상품을 비교해 본 후 가입해야 한다.

은퇴준비는 가장 자신 있는 분야부터

회사원 B씨(36세).

그녀는 대학을 졸업하고 대기업에 입사했다. 선배들과 빨리 친해지고 싶은 마음에 사내에서 사진동호회 활동을 했다. 한번은 주말에 시간을 내어 지방으로 동호회 활동을 나가 아름다운 풍경을 사진에 담았다. 그런데 몇몇 선배들이 사진을 찍다가 그 주변의 땅에 대해 자세하게 알아보고 있는 것이었다. 궁금해서 물어보니 그 선배는 은퇴 뒤에 귀농할 계획을 가지고 있어 땅에 관심이 많다고 했다. 취미활동인 사진을 찍으러 다니면서 은퇴준비까지 함께하는 셈이었다. 그녀는 사회생활 새내기였지만 정신이 번쩍 들었다. 그때까지는 부동산에 대해 잘 몰랐었다. 하지만 동호회 활동을 하는 동안 그 선배들로부터 귀동냥으로 몇 마디 듣다 보니 뭔가 흥미롭고 마음이 끌렸다. 이렇게 그녀는 부동산에 관심을 갖게 되면서부터 저절로 허리띠를 더 졸라매게 되었다. 다른 쓸데없는 지출을 줄여가며 입사 2년차에 종잣돈 2,000만 원 정도를 모을 수 있었다.

2004년, 그녀는 경기도로 동호회 활동을 나가게 되었다. 그리고 드디어 그녀에게도 돈에 맞는 작은 땅에 투자할 기회가 찾아왔다. 동네 어귀로 들어가는 길목에 붙어 있는 땅(전, 2,480㎡, 1,800만 원)에 투자하기로 마음먹었다. 이렇게 그녀는 20대 중반 자신의 명의로 된 땅을 소유하게 되었다. 땅에 대해 잘 모르고 투자했지만, 미래가치 여부를 떠나서 그때의 감동은 지금 생각해도 잊을 수가 없다. 이후 그녀는 2011년, 그 동네로 귀농한 사람에게 시세보다 싸게 땅을 처분(5,300만 원)했다. 7년 정도 보유하고 3,500만 원의 자본수익을 올린 셈이다. 누군가에게는 적은 금액일 수도 있지만 그녀에게는 정말 값진 첫 경험이었다.

B씨는 땅을 처분한 돈으로 상계동 주공 11단지 아파트(41.3㎡)를 1억 2,000만 원에 매입해 월세(보증금 500만 원, 월 50만 원)를 받고 있다. 그녀는 이미 은퇴준비를 멋지게 시작한 것이다. 현재 거래되는 매물은 별로 없지만 시세는 1억 5,000만 원 선에 형성되어 있다. 매월 꼬박꼬박 나오는 월세를 보면 이것만큼 훌륭한 은퇴준비도 없겠다는 생각이다.

B씨의 은퇴준비를 위한 최종 목표는 커다란 상가건물을 소유하

는 것 같은 거대한 꿈이 아니라, 소형 아파트를 10채 정도 소유하는 것이다. 한 채당 50만 원씩의 임대수익을 계산하면 매월 500만 원의 월세를 받는 것이다. 여기서 중요한 것은, 목표를 금융상품이 아닌 소형 아파트로 정했다는 것이다. 직장 동료들이 은퇴준비를 위해 필수적으로 연금이나 보험에 가입한다고 야단법석을 떨어도 그녀는 흔들리지 않았다. 오로지 매월 임대수익을 얻을 수 있는 소형 아파트에만 관심을 가지고 있다. 이렇게 목표설정이 분명하다 보니 회사에서 퇴근한 후에 더 바쁘게 보내고 있다. 부동산에 투자하기 위해서는 공부해야 할 것들이 참 많다는 사실을 알았기 때문이다.

부동산, 경매, 금융, 증권 등 경제와 자산관리에 관련된 분야를 두루두루 알게 되면서부터 더 깊게 공부하고 있다. 그래서 공인중개사에도 도전해 합격하고 요즘은 대학원에 다니면서 부동산 관련 법까지도 공부하고 있다.

B씨는 꿈은 크지만 절대 욕심 부리지 않고 차근차근 준비해 나가고 있다. 공부도 꾸준히, 자산관리도 꾸준히, 단계적으로 밟아나가고 있다. 사실 B씨는 분명 남들보다 빨리 20대에 땅에 투자했지만, 그녀 자신도 그것이 은퇴준비의 씨앗이 될 줄은 몰랐다. 결과적으로 그 같은 경험이 기반이 되어 30대에 들어서는 본격적인 은퇴준비가 가능했다. 그녀의 은퇴준비는 다른 사람들과는 좀 달랐다. 종잣돈을 금융상품과 부동산에 분산하기보다는 오직 부동산에만, 그

리고 그중에서도 소형 아파트에만 투자하기로 정했다. 그녀는 계속해서 종잣돈이 모이는 대로 아파트에 투자할 계획을 갖고 있다. 은퇴준비를 위한 긴 마라톤 경주를 시작한 것이다.

은퇴준비를 하려면 많은 것을 버려야 할 수도 있다. 경제적인 소득이 적은 경우에는 현재의 편안함을 미래의 편안함에 양보해야 할 수도 있다. 60~70년대를 살았던 부모님 세대가 잘 먹지도 입지도 못할지언정 자식의 뒷바라지를 위해 헌신적인 삶을 살았듯이 은퇴준비를 위해서는 지출을 최대한으로 줄이는 고통을 감내해야 한다. 은퇴준비는 자산의 크기로만 얘기할 수는 없다. 정신적·물질적 안정 속에 행복한 은퇴생활을 즐길 수 있어야 하기 때문이다. 따라서 이것저것 만지작거리기보다는 자산이 가장 잘할 수 있는 투자종목을 선택해 준비하는 것이 좋다. B씨가 은퇴준비를 위한 투자 대상으로 소형 아파트를 선택한 것도 나름대로 분명한 이유가 있었다. 환가성에 있어서 부담스러운 부동산에 비해 소형 아파트는 비교적 가벼운 편으로 생각했던 것이다. 여기에 다른 부동산에 비해 관리비용이 적게 들어간다는 점도 작용했다.

인생의 마지막 순간까지 경제적인 활동을 통해 소득을 얻을 수 있다면 은퇴준비는 필요하지 않을 것이다. 5060세대의 경우 은퇴준비를 제대로 해 놓고 은퇴를 하는 사람보다 걱정하며 은퇴하는 사람들이 더 많다는 사실을 알아야 한다. 이것이 우리 사회의 현실이다. 은퇴준비를 꾸준히 길게 준비해 놓지 못한 경우에는 '엊그제 사회생활을 시작한 것 같은데, 국가와 사회를 위해 청춘을 바쳤건만, 어느새 은퇴가 찾아왔다'며 쓸쓸한 회한에 젖게 될 뿐이다.

은퇴부자들에게 은퇴준비는 결코 100미터 달리기가 아니었다. 그들은 마라톤이라고 생각한다. 특히 한두 번의 부동산 투자에 성공했다고 해서 은퇴준비가 끝난 것이라고 생각하지 않는다. 매월 월급통장에서 빠져나가는 서너 개의 연금 저축으로 은퇴준비를 잊어버리는 일은 더더욱 없다.

《여씨춘추呂氏春秋》에 '엄이도종掩耳盜鐘'이란 얘기가 있다. 귀를 틀어막아도 종소리는 들린다는 뜻이다. 대부분의 사람들은 늘 자기 자신을 주관적으로만 바라본다. 하지만 은퇴준비를 위해서는 자신을 객관적으로 봐야 하며, 문제가 있으면 이를 피하지 말아야 한다. 다시 강조하지만, 은퇴준비는 선택이 아니라 필수이다. 또한 운명이나 운보다는 자신의 능력과 노력을 강하게 믿으며 은퇴준비를 할 때 더 행복하다는 사실을 알아야 한다. 지금 당장 당신이 가장 잘할 수 있는 것이 무엇인지 생각해 보자. 그리고 바로 실행에 옮겨라.

> **현실을 있는 그대로 인정하고,
> 거기서부터 시작하라**

경매를 즐기고 있는 K씨(48세).

지난 몇 년을 돌이켜 보면 정신이 아찔할 뿐이다. 그녀는 행복한 은퇴생활을 준비하기 위해 부동산 투자에 기웃거렸다. 그러던 2008년 봄, 동네 부동산에서 솔깃한 제의가 들어왔다. 새로 분양하는 아파트(길음 뉴타운)에 분양신청을 꼭 해 보라는 것이었다. 만약 떨어지면 프리미엄(1,000만 원~3,000만 원)을 주고라도 분양권을 매입하라는 권유였다. 분양권에 투자만 하면 적어도 1억 4,000만 원~1억 6,000만 원의 수익은 보장된다는 말에 홀딱 넘어갔다. 결국 총 5억 원을 들여 분양권(105.78m^2, 분양가 4억 8,000만 원, 프리미엄 2,000만 원)에 투자했다.

계약금 1억 원을 주고 집으로 돌아오는데 왠지 마음이 석연치 않았다. 그래도 불편한 마음을 스스로 위로해 가며 투자를 합리화했다. '그래 괜찮아. 지금 살고 있는 아파트 처분하고 입주하면 되지 뭐. 별 문제 있겠어. 설마 뉴타운에 투자한 것인데 손해 보겠어'라는 생각으로 위안을 삼았다. 그런데 그것이 수렁의 시작이었다. 부동산에 투자할 종잣돈이 1억 원 정도밖에 없었기에 대출에 또 대출로 중도금을 해결했다. 당연한 얘기지만 그만큼 매달 감당해야 하는 대출금 이자는 계속 늘어났다. 이자를 감당하기가 버거웠음에도 가격이 더 오를 거라 생각하며 '입주 때까지만 기다려보자. 그래봐야 이자 몇 천만 원 더 내는 것인데' 하고 입주 때 올라주면 모든 것이 다 해결될 것이라는 믿음으로 밀고 나갔다.

그렇게 일을 저지르고 3년이 지나 입주시점이 다가왔다. 그러나 부동산 시장은 살아날 기미가 보이지 않았다. 오히려 가격이 바닥을 모르고 떨어지고 있었다. 그렇게 부동산 시장의 상황은 심각했건만, 살고 있는 아파트만 처분하면 해결될 거라는 생각으로 태연하게 버텼다. 그러나 마음먹은 대로 아파트가 팔리지 않았다. 별 방법을 다 써도 팔리지를 않았다. 설상가상으로 입주물량 과다로 전세가격도 끝없이 떨어졌다. 하는 수 없이 살고 있던 아파트를 전세를 놓고 입주를 해야만 했다. 전세금을 받아도 해결되지 않는 대출금과 이자, 정신적인 고통, 용서되지 않는 자기 자신, 가족에 대한 미안함 등으로 하루하루 버티는 게 힘들 지경이었다. 그녀는 세월이 두려웠다. 아니 은퇴만 생각하면 무서웠다. 행복한 은퇴생활을 위해 부동산에 투자했던 것이 그만 불행한 은퇴생활의 시작이 될 것이라고는 꿈에도 생각하지 못했기 때문이다.

K씨는 한동안 절망의 늪에서 헤어나질 못했다. 정신을 놓고 마냥 길을 걷는 날이 많아졌다. 대출이자를 내야 하는 날짜가 다가오고 있었기 때문이다. 인생은 무엇이고 살아낸다는 것은 대체 무엇일

까. 끝없는 좌절의 연속이었다. 그러던 K씨를 '자산관리 멘토스쿨'에서 처음 만났을 때, 그때가 그녀 인생의 전환점이었다. 그녀는 두 번은 실패하지 않으리라는 생각으로 첫 강의를 들었다. 강의를 듣는 내내 가슴을 치며 눈물을 훔치던 모습이 지금도 선명하다. 이 정도 부동산에 대한 상식도 없이 이 무서운 세상에서 은퇴준비를 해보겠다고 설쳤던 무모함이 그녀를 더 슬프게 했다.

강의가 끝나자마자 K씨는 자문을 구해 왔다. 그녀에게는 미안했지만 아파트 두 채 모두 당장 정리하라고 간단하게 대답해 주었다. 그녀는 집으로 돌아가는 길에 또 눈물을 흘렸다. 누군가의 꼬임에 빠져 되지도 않는 곳에 투자해 놓고, 한껏 기대에 부풀어 있던 자신이 한심해서 눈물이 났다. 그녀는 고생한 가족들에게 미안해서 눈물을 펑펑 쏟았다고 했다.

그로부터 몇 개월 후 2011년 여름, 그녀는 비장한 결심을 하고 바로 중개업소로 갔다. 그렇게 그 해 가을 두 개의 아파트 중 한 채를 처분했다. 계약서를 쓰고 나니 저녁 8시가 훌쩍 넘어 밖은 이미 어두워져 있었다. 진짜 행복한 은퇴부자가 되기 위해 큰 경험을 한 것뿐이라고 위로하며 오랜만에 가벼운 발걸음으로 집으로 돌아갔다. 그리고 그 다음해에 또 한 채의 아파트를 정리했다. 당연히 몇 천만 원의 손해(약 8,500만 원)를 봤지만 그래도 다행한 일이었다. 아파트를 처분한 후 1년 사이에 시장은 더 악화되어 가격이 더 떨어졌다.

최근 들어 그녀는 TV에서 하우스푸어, 렌트푸어에 대한 뉴스를 접할 때마다 두 채의 아파트를 처분한 것이 얼마나 잘한 일이었는지 자다가도 웃음이 나온다.

K씨는 아파트 두 채를 정리해 전셋집(3억 8,000만 원)을 얻고, 남은 돈으로 작지만 알뜰하게 은퇴준비를 하고 있다. 그런데 금융상품에는 전혀 관심을 두지 않고 있다. 부동산에 질릴 법도 하건만, 연금이 아닌 부동산에 또다시 도전장을 내밀었다. 그녀가 가장 잘할 수 있는 것이 경매라고 생각되었기 때문이다. 그 사이 꾸준히 함께 공부한 덕분에 미래가치 분석은 이미 수준급의 실력을 갖추었다. 여기에 웬만한 권리분석도 이제는 척척이다.

2012년, 그녀는 다시 한 번 은퇴준비를 위한 첫발을 떼었다. 바로 경매에 도전장을 내민 것이었다. 그녀는 유치권이 붙어 있는 경매 물건에 관심을 갖고 있었다. 중계동에 있는 D아파트(38.64㎡, 1차 법원감정가 1억 8,000만 원)가 2차(1억 1,520만 원)까지 유찰되어 있었다. 매매시세는 1억 6,000만 원~1억 8,000만 원 사이에 형성되어 있었다. 유치권은 별 것 아니라고 판단했다. 인테리어 비용을 가지고 유치권 신고를 한 것이었다. 그녀는 3차에 참여했지만, 아깝게 2등으로 떨어지고 말았다. 하지만 그녀의 아름다운 도전은 은퇴준비가 끝날 때까지 계속될 것이다. 그녀는 아파트 투자에 실패한 빈자리를 경매로 극복하고 있다. 경매가 삶에 있어 활력소가 되어 준 것이다.

은퇴부자가 되는 사람들은 먼저 꾸준한 부동산 학습을 통해 미래가치 보는 법을 배운다. 그런 다음에 부동산 투자에 나선다. 또한 은퇴준비를 단 한 방으로 단기간에 해결하려고 하지도 않는다. 아주 치밀하고 철저하게 자기 자신의 몸에 맞는 옷으로 디자인해서 실행한다. 늦었다고 서두르지도 않는다. 늦었다는 생각이 들수록 어린아이처럼 한 걸음씩 아장아장 걸어간다.

반면에 은퇴부자가 되지 못하는 사람들은 부동산에 대한 미래가치를 학습이 아닌 소문에 의해 판단한다. 게다가 단기간에 한 건으로 해결하려고 든다. 또한 치밀하지도 철저하지도 않게 대충대충 투자에 나선다. 절대로 은퇴부자가 될 수 없는 이유이다.

《맹자孟子》에 '고신얼자孤臣孼子'라는 말이 있다. 아주 힘든 역경 속에서 피는 화려한 꽃이라는 뜻이다. 꽃도 가장 절박할 때 가장 아름다운 꽃을 피우듯, 실패의 경험 속에서 가장 화려한 성공을 맛보게 되는 것이다. 행복한 은퇴생활을 하는 사람들 중에 한두 번의 실패를 경험해 보지 않은 사람이 거의 없다. 하지만 그들은 실패의 경험을 새로운 인생의 전환점으로 삼는다. 은퇴준비는 자신이 처해 있는 현실을 그대로 인정하고 즐기면서 시작하는 것이다. 물론 은퇴준비를 하기에는 현실이 어렵고, 힘들 수도 있다. 하지만 현실이 어렵다고 도피해서는 안 된다. 당당하게 맞서야 한다. 다소의 손해를 감수하고서라도 오뚝이처럼 벌떡 일어나야 한다. 행복한 은퇴생활은 여정이지 목적지가 아니다. 처해 있는 현실을 바꿀 수 없다면, 현실을 보는 관점을 바꿔라! 당신도 지금 은퇴준비에 실패하고 있다면, 현실을 그대로 인정하라. 그리고 당신이 가장 잘 할 수 있는 것부터 시작하라!

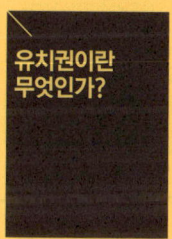

유치권이란?
부동산을 신축 또는 수리한 경우, 그 공사비를 받을 때까지 그 건물을 유치할 수 있는 담보물건을 말한다(민법 제320조 참조). 유치권을 인정(담보물건) 받기 위해서는 다음의 5가지 조건이 충족되어야 한다.

첫째, 유치권의 대상은 물건(부동산, 동산)과 유기증권이어야 한다.

둘째, 채권(받을 돈)이 유치권의 목적물(부동산, 동산 등)에 관해 생긴 것이어야 한다. 예를 들어 단순히 빌려 준 돈을 못 받는다고 해서 채무자(돈을 빌려간 사람)의 부동산에 유치권을 주장하는 것은 인정되지 않는다.

셋째, 채권이 변제기(돈을 갚아야 할 시기)에 있어야 한다.

넷째, 유치권자가 물건(부동산)을 점유하고 있어야 한다.

다섯째, 유치권을 배제하는 법률 또는 계약상의 사유가 없어야 한다.

나쁜 투자습관은 썩은 밧줄…
하루빨리 버려라

대학교수 A씨(48세).

그녀는 주식과 부동산 시장을 넘나들면서 투자해 왔다. 하지만 어느 것을 막론하고 제대로 돈을 벌어 본 적은 없다. 자신이 생각해도 자산관리 성적은 F학점이 분명하다. 그녀의 투자공식은 그냥 대충대충이었다. 예를 들어 주식에 투자하는 경우, 기업에 대한 성장성이나 수익구조 등 여러 가지 투자에 대한 지표를 파악하지 않았다. 대부분의 투자는 지인들이 던져주는 고급정보(?)에만 의존했다. 여기에 자신만의 오만한 감만 믿고 투자했다. 이렇게 주식투자의 나쁜 습관 때문에 치른 수업료가 무려 8,700만 원 정도였다.

부동산 투자도 예외는 아니었다. 평소 부동산에 대한 공부는커녕 관심도 두지 않다가 갑작스럽게 시장 분위기에 편승해 투자하기 일쑤였다. 2004년, 경기도 성남에 개발계획이 있다고 해서 땅(답, 350㎡, 투자금액 4억 2,000만 원)에 투자했다. 그런데 그린벨트에 묶여 있는 땅이었다. 아마도 이 땅의 투자기간은 최소한 100년은 잡아야 할 판이다. 이뿐만이 아니었다. 2007년, 분양만 받으면 돈이 된다는 친구의 얘기만 믿고 이것저것 따져보지도 않고 급하게 용인에 아파트(204.95㎡)를 분양받았다. 하지만 아파트 입주 후에 가격은 계속 떨어졌고, 65% 정도가 미분양 상태가 되었다. 심지어 자금난에 봉착한 건설회사는 미분양된 아파트를 처음 가격의 40%까지 할인해 처분하는 것이 아닌가. 앉아서 2억 5,000만 원 정도를 날려버린 꼴이었다. 지난 10년 동안 열심히 자산관리를 한다고 뛰어다닌 결과는 그야말로 참담했다.

A씨는 지금까지 투자에 실패한 경험들 때문에 심리적으로 굉장히 위축되었다. 또다시 투자에 나선다고 해도 성공하기보다는 실패할 수 있다는 생각이 앞서면서 불안하기만 했다. 심지어 그녀는 투자 실패에 대한 스트레스가 원인이 되어 20일 정도 병원 신세를 지기도 했다. 절망감과 패배감이 절정에 달한 시기였다. 하루하루가 견디기 힘들었다. 여기에 다른 사람들의 재테크 성공에 대한 무용담을 듣고 있노라면 수술 부위의 통증보다 마음 한 구석이 더 시리게 아팠다.

그런데 A씨는 지금보다 은퇴 뒤가 더 걱정이 되었다. 여기서 그냥 포기하고 주저앉을 수가 없었다. 이런 생각에는 양가 부모님의 영향도 컸다. 은퇴준비 없이 경제적으로 쓸쓸하게 노후를 보내고 계시는 양가 부모님을 보면서 은퇴를 위한 자산관리의 절실함을 뼛속까지 느끼고 있었기 때문이다. 그래서 용기를 내어 다시 자산관리를 통한 은퇴준비를 시작하기로 했다. 과거의 실패는 쓰레기통에 버리고, 실패의 경험을 재도전의 디딤돌로 삼기로 했다.

2010년, A씨는 본격적으로 은퇴준비를 시작하면서 나름대로 원칙을 정했다. 일단 주식투자는 절대로 안 하기로 정했다. 여기에 부동산은 충분히 공부한 후에 투자하기로 결심했다. A씨는 '자산관리 멘토스쿨'에 열심히 다녔다. 비슷한 처지에 있는 사람들끼리 한 그룹이 되어 강의도 듣고, 부동산 필드아카데미를 통해 현장에 나가 실전경험도 쌓아 나갔다. 조별 토론도 하고 그동안 몰랐던 것에 대해서는 Q&A를 통해 하나하나 궁금증을 풀어 나갔다. 그렇게 서서히 그녀는 그간의 패배감에서 벗어날 수 있었다.

A씨는 첫 강의를 잊을 수가 없다. "자기 자신의 잘못된 투자습관은 버리지 않고 은퇴부자가 되겠다고 하는 것은, 쓰레기통에서 장미꽃이 피기를 바라는 것과 같다"라는 얘기를 듣는 순간 머리가 번쩍했다. 그때부터 A씨는 현재의 편안함보다 미래의 행복한 은퇴생활을 선택하기로 했다. 가장 먼저 실행에 옮긴 것은, 살고 있는 아

파트를 처분해 수익성 부동산으로 갈아타기로 한 것이다. 그 과정에서 수도권으로 집을 옮겨야 하는 점 때문에 가족들의 동의를 구하기가 만만치 않았다. 하지만 한 달 이상 아들과 딸 그리고 남편을 설득해 집을 옮기기로 했다. 살고 있는 집을 줄여서 월세가 나오는 부동산에 투자하기 위해서였다.

2011년, 결국 반포에 있는 R아파트(전용 84.93㎡)를 처분(14억 5,000만 원)하고 용인의 D아파트(전용 84㎡)를 매수(3억 7,000만 원)해 집을 옮겼다. 그리고 7개월 후, 최고의 상권이라고 생각했던 강남에 있는 수익성 상가(투자금액 14억 3,000만 원)를 일부 대출금(4억 3,000만 원)을 끼고 장만하는 데 성공했다. 대출이자를 내고도 매월 550만 원의 임대수익을 손에 쥐게 된 것이다. 물론 이렇게 좋은 상가에 투자하게 된 것은 전문가의 도움이 있었기 때문이다.

그녀는 좋은 지역에 있는 아파트를 처분하고 상가에 투자했다. 앞으로 아파트를 가지고 자본수익과 함께 임대수익을 얻기는 힘들 것이라고 판단했기 때문이다. 이런 확신은 학습을 통해 철저하게 공부한 결과로 얻게 된 것이다. 물론 할 수 있다는 자신감이 있기에 가능한 일이었다.

한때 그녀는 '은퇴'만 생각하면 불안했다. 매년 물가상승률을 감안하면 앞으로 15년 후에 매월 받게 되는 사학연금(월 300만 원 ~350만 원)만 가지고 과연 행복한 은퇴생활이 가능할지 자신이 없었기 때문이다.

그러나 요즘 A씨는 매월 통장에 찍히는 짭짤한 임대수익을 보면서 은퇴준비가 잘되어 있는 것 같아 뿌듯하다. 현재의 편안함보다 미래의 행복한 은퇴생활을 선택한 결과였다. 물론 현재 다소의 불편함을 감수해야 했다. 하지만 은퇴 뒤에는 사학연금과 임대수익을 합쳐 매월 800만 원~900만 원 정도의 은퇴수입이 예상되고 있다. 오히려 지금의 남편 수입보다 훨씬 많다.

A씨가 은퇴부자가 된 데에는 아주 평범한 비밀이 있다. 은퇴부자가 될 수 있다는 자신감을 갖고 '묻지마' 식 투자습관을 버렸다는 것이다. 더 중요한 것은 알짜배기 부동산을 처분해 은퇴준비를 실행했다는 것이다. 이러한 결정은 지금 알짜배기 부동산이 미래에는 보통의 부동산으로 가치가 떨어질 수 있다는 판단이 있기에 가능했다. 자산관리에는 자신감이 중요하다. 그리고 과거의 나쁜 투자습관을 미련 없이 버리고, 학습을 통한 좋은 투자습관을 들이는 것이 필요하다.

세계 최고 갑부인 빌 게이츠의 성공 뒤에도 작은 습관이 있었다. 빌 게이츠는 날마다 자기 자신에게 최면을 걸었다. '오늘은 나에게 큰 행운이 있을 것이다. 나는 뭐든지 할 수 있다.' 간단명료하다. 이렇게 사소하지만 좋은 습관이 지금의 빌 게이츠를 성공으로 이끌었다.

행복한 은퇴부자가 되는 사람들은 과거의 잘못된 투자습관을 고치려고 노력한다. 무엇이 실패를 만들었는지를 반성하며 이를 거울삼아 좋은 투자습관을 만들어 나가는 것이다. 아무리 좋은 기와집이라도 허물지 않고서는 빌딩을 지을 수 없다는 사실을 알아야 한다. 은퇴부자가 되지 못하는 사람들은 무엇이, 왜 잘못됐는지를 모르고, 또 조언을 해 줘도 현실을 잘 인정하지 않는 경향이 있다. 미래가치가 없는 자산도 그냥 움켜쥐고만 있는다. 명심하라. 썩은 밧줄을 잡고서는 위로 올라갈 수 없듯이, 나쁜 투자습관을 가지고는 절대로 행복한 은퇴부자가 될 수 없다.

대한민국 핵심 상권

1. 대학가 상권(홍익대, 성균관대)
2. 오피스 상권(강남역, 광화문)
3. 문화예술 상권(대학로, 인사동, 삼청동)
4. 역세권 상권(지하철과 버스가 교차하는 사당역, 강남역, 양재역)
5. 아파트 상권(2,000가구 이상 배후단지)

무식하면서 배우지 않는 것, 은퇴거지의 지름길

가정주부 H씨(35세).

그녀는 대기업에 다니는 남편과 초등학생 두 아들을 둔 전업주부이다. 남편의 월급이 아주 풍족하지는 않지만 아이들 교육비 등 생활비에 쓰고 남은 돈을 모으며 경제권을 책임지고 있다. 다소 불규칙하지만 매월 200만 원 정도 저축을 하는 편이다. 그러나 생각만큼 종잣돈을 모으지는 못했다. 물론 H씨는 한 푼이라도 더 모으기 위해 0.1% 더 높은 금리를 쫓아 은행을 갈아타며 다녔다. 하지만 무식이 화를 키우고 말았다. 펀드를 가입하면서 비과세란 말에 꼼꼼하게 따져보지도 않고 가입했다가 23% 정도의 원금을 손해 보기도 했다. 심지어 뉴스에서 파산한 저축은행에서 거래한 사람들의 눈물을 보면서도 '나는 괜찮겠지' 하는 생각에 거래를 했다가 또 이자 손해를 봐야만 했다.

　H씨는 열심히 한다고 했지만 결과는 신통치 않았다. 항상 마음 한 구석에 매일 조금씩 쌓아 놓은 밀린 숙제가 있는 것 같았다. 그러던 어느 날 퇴근한 남편이 편안하게 던진 한 마디 "여보 우리는 노후준비 잘 되고 있지? 나는 당신만 믿어"라는 말을 듣는 순간 그녀는 긍정도 부정도 할 수가 없었다. 그리고 괜히 마음이 불편해졌다. 변명 같지만 지금까지 아이들 키운다는 핑계로 노후준비는 생각도 못했다. 그저 막연하게 높은 금리를 따라다니며 종잣돈만 잘 모으면 그것이 최선이라 생각했다. 그녀는 한동안 답답했다. 누구보다 살림 잘하고, 아이들 잘 키운다고 자신하고 있었지만 노후준비만은 어디서부터 어떻게 해야 할지 막막했다. 아무리 전업주부라지만 세상 돌아가는 걸 너무 모른다는 생각도 들어 한편 우울하기까지 했다.

　그렇게 며칠을 고민한 끝에 그녀는 제대로 한번 노후준비를 시작해 보기로 결심했다. 먼저 인터넷을 뒤져 가며 방법을 찾아보았다. 재테크 관련 카페에 기웃거려 보기도 하고, 부동산 전문 사이트에서 유료강좌도 들어봤다. 그러나 재테크 초보자인 그녀에겐 뭐 하나 손에 잡히는 것이 없었다. 강좌를 이해하기도 버거웠다. 재테크 유료 상담도 받아봤지만 콩인지 팥인지 판단할 수 없었기에 그냥 주저앉은 게 한두 번이 아니었다. 그렇게 3년의 시간을 보냈다. 그러던 2010년 가을, H씨는 '자산관리 멘토스쿨'에 입학하면서부터 무식에서 탈출하기 시작했다.

부동산을 포함한 자산관리 방법을 기초부터 심화 과정까지 배웠다. 이전에는 각개전투로 혼자서만 바둥거렸던 고민들을 하나하나 해결해 나갔다. 더욱이 책상머리에서 이론만 가지고 공부한 것이 아니었다. 현장 속으로 들어가 재건축 아파트를 비롯해 수익성 상가, 미래가치 있는 땅 보는 법 등을 함께 공부했다.

그녀는 자본수익이 많은 재건축 아파트에 관심이 많았다. 그리고 지금까지 배운 것에 자신이 붙었을 즈음 실행에 옮기기로 결심했다. 2012년 겨울, 그녀는 신혼 때 양가 부모님의 도움으로 장만한 아파트를 처분해 재건축 아파트로 갈아타고 당분간 전셋집에 살기로 결심했다. 노력 끝에 왕십리에 살고 있던 H아파트($84.42m^2$)를 처분(4억 7,000만 원)했다. 그리고 개포동의 아주 작은 A아파트($25.27m^2$)에 투자(3억 9,000만 원)했다. 일부 대출을 받았지만 갈아타는 데 성공한 셈이다. 해가 바뀌어 2014년에는 7,000만 원 정도 올랐다. 하지만 재건축 아파트에 투자한 것은 당장의 시세차익이 아니라 재건축 이후의 진정한 자본수익 때문이다. 아울러 여기에서 나오는 자본수익을 가지고 또다시 수익성 상가로 갈아탈 생각이다. 이렇게 H씨는 남편의 기대를 저버리지 않으며 한 걸음씩 착실하게 은퇴준비를 하고 있다.

H씨는 은퇴준비를 시작한 이후부터 다른 세상을 만난 것처럼 행복했다. 그렇다고 은퇴준비 전과 후의 소득이 당장 달라진 것도 없다. 하지만 미래를 알차게 준비한다는 생각에 항상 즐겁기만 하다. 앞으로는 더 튼튼한 은퇴준비를 위해 경매를 배워 보려고 계획하고 있다.

H씨가 은퇴준비의 첫걸음으로 재건축 아파트를 선택한 이유는 분명했다. 재건축 이후의 자본수익을 극대화해 수익성 상가로 갈아타기 위해서였다. 재건축 아파트의 세대수(2,000세대 이상)를 비롯해 교육환경, 편의시설, 자연환경, 교통환경 등의 지역적인 여건이 동일해도 미래가치는 다를 수 있다. 투자가치를 극대화할 수 있는 재건축 아파트를 고르기 위해서는 다음의 몇 가지를 따져 봐야 한다.

첫째, 대지지분이 많은 것이 좋다. 같은 평수의 재건축 아파트의 경우에도 대지지분의 면적이 각각 다른 경우가 있다. 재건축 아파트의 자산을 평가하는 중요한 요소는 건물 면적이 아니라 대지면적을 기준으로 하기 때문에 대지지분이 클수록 자본수익이 많다.

둘째, 용적률이 높은 것이 좋다. 용도지역이 일반2종보다 일반3종 주거지역으로 지정된 지역이 아파트 층수를 높게 지을 수 있으며, 결과적으로 자본수익이 많아지기 때문에 유리하다.

셋째, 사업추진속도가 빨라야 좋다. 아무리 좋은 조건에 있는 재건축 아파트라도 사업추진속도가 늦어지면 그만큼 자본수익이 줄어들게 된다. 가급적이면 조합설립인가 여부를 확인한 후 투자하는 것이 좋다.

일반적으로 은퇴를 2~3년 정도 앞두고 있는 사람들조차 어떻게 은퇴준비를 해야 할 것인지 모르는 경우가 많다. 그동안 처자식들을 위해 오로지 회사만을 위해 봉사했기 때문이라는 말로는 용서가 되지 않는다. 그리고 은퇴생활에 있어 감당할 손실도 클 것이다. 이처럼 은퇴준비를 못하거나 안 하는 이유는 어떻게 해야 할지를 모르기 때문이다. 과격하게 표현하자면, 한 마디로 무식 때문이다. 평범한 중산층들이 은퇴준비에는 손 놓고 있다가 은퇴를 맞이하게 되면 극 서민층으로 전락하는 경우가 있다. 모든 사람들의 경제적 여건이 같을 수는 없다. 경제적 여건이 충분치 못하다는 이유만으로 은퇴준비를 하지 않는 것은 어리석은 일이다. 각자의 경제적 사정에 따라 제 몸에 맞는 방법을 찾아 꾸준히 은퇴준비를 해야 한다.

은퇴준비는 처음부터 항공모함을 준비하는 것이 아니다. 작은 종잣돈이라도 '은퇴준비'라는 목표를 가지고 자산관리를 시작하는 것이 중요하다. 단순히 돈을 벌기 위해 자산관리를 하는 것과 은퇴준비에 목표를 두고 자산관리를 하는 것은 다르다. 다시 말하면 돈 벌기에만 열을 올리게 되면 투자에 있어 신중함은 사라지고 높은 투자수익률만 쫓는다. 전문가의 도움도 필요 없다고 생각한다. 여기에는 분명 큰 위험이 도사리고 있고 실패에 따른 손해는 당연히 투자자가 감당해야 한다. 반면 은퇴준비에 따른 자산관리를 하게 되면 무엇보다 투자에 있어 신중해진다. 혼자서 결정을 못할 경우에는 전문가의 도움을 받아 움직인다. 당장의 높은 수익률만을 따라가기보다는 자본수익이 상승할 수 있는 미래가치를 보고 투자한다.

은퇴부자가 되기 위해서는 끊임없이 배워야 한다. 공부하지 않으면 어느 것이 돈이 되는 물건인지 알아볼 수가 없다. 중국의 성군으로 꼽히는 강희제는 "천리마는 어느 시대, 어디에나 다 있지만 천리마를 알아보는 사람은 드물다"고 일갈했다. 그렇다. 천리마를 구별할 줄 아는 눈을 갖기 위해서는 꾸준한 학습이 필수 전제조건이다. 모른다는 이유만으로 배우려고 하지 않는 것, 충분하지 못하다는 것 때문에 실행하지 않는 것, 바로 그 자체가 은퇴거지가 되는 지름길이다.

대부분의 2030세대에게 '은퇴'라는 단어는 가슴에 확 와 닿는 일은 아닐 것이다. 하지만 앞으로 20~30년 뒤의 은퇴를 생각하며 자산관리를 한다면 단언컨대 분명 행복한 은퇴부자가 될 것이다. 지금 현재 고정적인 수입이 있느냐 없느냐는 문제가 되지 않는다. 자기의 형편에서 최선의 방법을 찾아 일단 준비를 시작하는 것이 중요하다. 아무리 강조해도 지나치지 않는 말, 하루라도 일찍 시작하라!

행복한 은퇴생활, 가족은 필수

대구에서 자영업을 하고 있는 E씨(52세).

그는 오로지 일만 알고 열심히 살았다. 그 성실함 덕분에 배우자도 잘 만났고, 슬하에 3남매를 두고 다복한 가정을 꾸리고 있다. 벌써 큰딸은 대학을 졸업하고 은행에 취직해 서울에서 직장생활을 하고 있다. 둘째 딸과 막내아들은 서울에서 대학을 다니고 있다. 지금까지 자식들 걱정은 해 본 적이 없다. 그런데 E씨에게 가족에게 말 못할 고민이 생겼다. 긴 한숨을 쉬는 날이 많아졌다. 그렇다고 바람을 피운 것은 아니다. 고민의 원인은 자산관리 성적이 엉망이었기 때문이다. 지금 와서 생각해 보면 자산관리를 아내에게 맡기지 않은 것이 후회스러울 뿐이다.

2008년, 중국펀드가 좋다는 얘기를 듣고 정기예금(3억 5,000만 원)을 전부 해약해 펀드에 가입했다. 한때는 수익률이 10% 이상까지 올라갔다. 그리고 좀 더 올라갈 것이라는 애널리스트들의 장밋빛 전망에 욕심도 커져만 갔다. 그러나 지금 현실은 −30%의 수익률을 보이고 있는 펀드에 가슴앓이만 하고 있다는 것이다.

설상가상 부동산 투자도 사정은 마찬가지였다. 경기도 안성에 왕복 4차선 자동차 전용도로가 생긴다는 말만 믿고 땅(임야 3,305m^2, 3억 2,000만 원)에 투자했다. 그런데 이게 웬일인가? 도로는 생겼지만 오히려 땅값은 떨어졌다. 최근에 확인해 보니 기획부동산인 줄도 모르고 업자에게 속아 바둑판처럼 잘라놓은 땅에 투자한 것이었다.

지인의 소개로 투자하게 된 상가도 상황은 좋지 않았다. 신도시에 지어진 1층 오피스텔 구분상가(66m^2, 5억 5,000만 원)였다. 세입자(편의점)가 확정되어 있으니 임대수익률 6%는 걱정하지 않아도 된다는 얘기에 이것저것 따져보지도 않고 덥석 그 상가를 사들였다. 세입자가 확정되어 있다는 것은 거짓이었다. 지금은 편의점 대신 분식점에 임대를 주고 있지만 임대수익률(2.5%)이 당초 예상과는 달리 너무 낮아 당황스럽다. 어쩌면 이렇게 투자하는 족족 마이너스만 되는지 환장할 뿐이다.

E씨는 사업상 많은 사람들을 만나고 있었는데, 그게 오히려 독이 되었다. 그들로부터 얻은 정보를 아무런 의심도 확인도 없이 고급

정보라고만 믿고 투자한 것이 화근이었다. 쓰레기 정보가 화장발로 둔갑한 사실을 전혀 몰랐다. 또 하나, 모든 자산관리를 E씨 혼자 해왔다는 것이 패인이었다. 지금까지 아내에게는 생활비만 주었을 뿐 일체 자산관리에 대해서는 한 번도 말을 섞어 본 적이 없다. E씨가 땅을 산 것도 상가에 투자했다는 것도 아내는 모른다. 가끔 아내가 "우리도 부동산 투자를 고려해봐야 하는 게 아닐까"라는 식으로 관심만 보여도 집안 살림이나 잘하라는 말로 핀잔을 주었다.

 E씨는 최근 들어 걱정이 많아졌다. 혼자 잘 먹고 잘 살기 위해 열심히 일하고 돈을 번 것이 아니었다. 현직에서 떠나게 되어노 가족이 함께 행복한 생활을 누리도록 하기 위해서였다. 하지만 은퇴준비를 위한 그의 투자 과정은 오만과 독선, 그리고 불통으로 일관되었다. 자영업을 하고 있기에 은퇴시기가 정해진 것은 아니지만, 요즘 같으면 예전만큼 일이 잘 안 되고 있어 은퇴시기도 그리 멀지 않았음을 직감하고 있다.

 E씨는 최근 들어서야 이러한 고민을 가족에게 털어놓았다. 다행히 은행에 다니고 있는 딸을 통해 전문가를 만나서 자산관리를 비롯해 은퇴준비에 대한 모든 것까지 자문을 받았다. E씨는 요즘 전문가의 조언에 따라 은퇴준비 과정을 수정해 실행하고 있다. 현재 펀드는 원금을 일부 손해(-10%)를 좀 보더라도 환가할 생각이다. 또한 미래가치가 없는 땅, 임대수익이 제대로 나오지 않는 상가를

처분해 오피스텔에 투자할 계획이다. 더 중요한 것은 앞으로의 모든 은퇴준비는 가족과 함께할 생각을 하게 됐다는 것이다.

〝가족과 함께 대화하며 현실에 맞게 준비하라〟

역삼동에 사는 H씨(50세).

그녀는 행복한 은퇴부자가 되기 위해 오늘도 부단히 노력 중이다. 인생 100세 시대! 결혼 후 지금까지 아무 생각 없이 남편의 그늘 속에서 무임승차하며 살아왔다. 평소 낯가림도 심하고 소극적인 성격 탓에 은퇴준비는 도전조차 못하고 있었다.

그녀는 결혼하면 당연히 신혼살림은 전셋집이 아닌 내 집 장만으로 시작할 줄 알았다. 하지만 현실은 그게 아니었다. 1989년, 부산에서 방 두 칸짜리 전셋집(보증금 1,000만 원)에서 신혼살림을 시작했다. 따라서 신혼 시절의 꿈은 당연히 내 집 마련이었다. 결혼 3년 차, 남편은 부산 부암동에 짓고 있던 조합 아파트에 덜컥 분양을 받았다. 그녀는 부동산에 대해선 전혀 몰랐지만 예감이 좋지 않았다. 분양과 동시에 200만 원의 계약금을 치렀고, 몇 달 후 중도금 1,000만 원까지 납부했다. 그런데 이게 웬일인가? 건설사의 부도로 계약금은 물론이고 중도금까지 전부 날려 버린 것이다. 그 후 몇 년 뒤 부산 덕포동에 B건설에서 분양한 나 홀로 아파트(105.7㎡)를 5,000

만 원에 분양받아 살았다. 하지만 그것도 잠시, 1994년 갑작스러운 남편의 발령으로 아파트를 전세 놓고 서울로 올라와야 했다. 당시에도 서울과 부산의 부동산 가격 차이가 워낙 심해서 포이동의 단독주택에서 전세로 살 수밖에 없었다.

H씨가 서울 생활에 자리 잡을 무렵 남편의 고등학교 친구로부터 재개발 투자를 권유받고 부산의 아파트를 손해 보고 처분하게 되었다. 그런데 또 이런 청천벽력 같은 경우가 있을까? 사기였다. 친구가 계약금 1,000만 원을 가지고 잠적해 버린 것이었다. 결혼 후 15년이 넘는 세월 동안 실패의 연속이었다. 그러나 그녀는 좌절하지는 않았다. 오히려 그런 실패를 경험하면서 스스로 부동산에 눈을 뜨게 되었다. 다행히도 2006년, 그녀는 역삼동에 있는 R아파트(109.09㎡)를 4억 5,500만 원에 분양받는 데 성공했다. 아파트 평수는 좀 작지만 시세(9억 2,000만 원)를 감안하면 4억 6,500만 원 정도 가격이 오른 상태다. 이렇게 결혼 17년 만에 드디어 신혼 시절부터 꿈이던 제대로 된 내 집 마련에 성공하였다.

그런데 최근 들어 H씨에게 새로운 고민이 생겼다. 친구들이 보기에는 전혀 걱정이 없어 보일 수도 있다. 세 자녀들은 잘 커 줬고, 남편은 여전히 직장생활을 성실히 잘하고 있었기에 전혀 문제가 없어 보였다. 하지만 그녀는 앞으로 5~6년밖에 남지 않은 남편의 은퇴 때문에 걱정이 깊어졌다. 지금까지 남편이 가져다주는 월급으로 아이들 키우며 한 푼 두 푼 아껴 가며 내 집 마련에 올인했었다. 이 때문에 은퇴준비는 하나도 못하고 있었다. 심지어 연금이나 보험에도 가입할 여력이 없었다. 가진 것이라고는 달랑 집 한 채가 전부였다. 내 집 마련에 마냥 즐거워하고 있을 때가 아니었던 것이다.

그렇게 H씨의 자산관리 공부가 시작되었다. 그녀는 매우 열심이었다. 날마다 경제신문을 보는 습관부터 시작하여 부동산을 비롯한 자산관리 방법과 경매에 이르기까지 그녀는 계속해서 배워 나갔다. 은퇴준비에 대한 그녀의 계획은 확고했다. 남편이 은퇴 전까지 매월 받는 생활비는 400만 원 정도. 큰딸은 대학을 졸업하고 직장생활을 하고 있지만, 아직 대학생 딸과 중학교 1학년인 막내아들 교육비를 감안하면 저축할 여력은 없는 상태였다. 그렇다고 예전처럼 하늘만 탓하고 있을 수도 없는 일이었다.

그녀는 즐거운 마음으로 은퇴준비를 해나갈 셈이다. 그녀의 계산은 은퇴 이후에도 매월 400만 원의 수입을 확보하는 것이었다. 남편이 은퇴 후 받게 될 국민연금과 퇴직연금을 합쳐 매월 200만 원 정도라고 예상하면, 추가로 월 200만 원 정도의 수입을 확보해 놓는 것이 급선무였다. 그녀는 가족들을 설득해 가며 통 큰 결정을 내렸다. 현재 살고 있는 아파트를 활용하기로 한 것이다. 강남의 비싼 아파트(9억 2,000만 원)에 눌러 살 이유가 없었다. 아파트를 전세(6억 5,000만 원) 놓고, 수도권 지역에 전세(2억 2,000만 원)를 살게 되면 적어도 4억 3,000만 원 정도의 종잣돈을 만들 수 있다는 계산이 나왔다.

그녀는 이 종잣돈으로 수익성 부동산에 투자해 행복한 은퇴생활을 준비할 생각이다. 대학가 주변 또는 수도권 지역의 오피스텔 두세 채에 투자하려는 계획을 갖고 있다. 그래서 남편이 은퇴하기 전까지 수익성 부동산에 투자해 월 200만 원의 임대수입을 올리는 것을 꿈이자 목표로 갖고 있다.

> **진짜로 행복한 은퇴생활은
> 돈만으로 이뤄질 수 없다**

은퇴준비는 현실을 직시해야만 가능하다. 현재 자신의 상태에서 어떤 것을 버리고, 또 어떤 것을 취해야 할지 분명히 알아야 한다. 현실을 외면하고 허황된 목표만 세운다면 결코 은퇴부자가 될 수 없다. 또한 은퇴준비는 가족 구성원 중에 누가 한 사람만 고민하고 준비하는 것이 아니다. 가족 간에 서로 이해하고 같이 합심하며 준비할 때 행복한 은퇴생활이 보장된다. 그러나 은퇴부자가 되지 못하는 사람들은 현실을 직시하지 못한다. 매사 부족함만 탓하고, 버릴 줄도 모른다. 결국에는 부부 간에 서로 신뢰하지 못하고 중년 상처, 즉 황혼 이혼이라는 각자의 길로 가는 사람들도 있다. 인생말년의 불행을 자초하는 꼴이다.

당연한 얘기지만 행복한 은퇴생활은 돈으로만 해결되는 것은 아니다. 친구와의 관계를 비롯해 가족의 화목, 건강 등이 함께할 때 진정한 은퇴부자가 되는 것이다.

은퇴 이후의 돈은 중요하다. 그러나 더 많은 돈이 더 큰 행복을 가져다주지는 않는다. 행복한 은퇴부자들은 돈이면 돈, 취미면 취미, 재미면 재미, 건강이면 건강 등 모든 것의 중심에 혼자가 아닌 가족을 함께 생각한다. 은퇴한 가장과 아내로서의 역할, 자식들의 역할도 분명하다. 부모라고 무조건 주려고만 하지도 않지만, 자식도 무조건 받으려고만 하지 않는다. 절대로 이들은 돈 때문에 갈등을 유발하지 않는다. 이는 가족 간의 신뢰와 소통이 전제되고 있기 때문이며, 이것이 바로 행복을 배가시켜 주는 힘이다. 진정한 은퇴부자들에게 돈이란? 그것은 행복에 비하면 그저 큰 바다의 물방울 하나에 지나지 않는다.

반면 돈은 있지만 행복한 은퇴부자가 되지 못하는 사람들 중에는 재산이 얼마나 되는지 며느리도 모르게 관리하는 사람들이 의외로 많다. 가족과는 취미도 함께하지 않는다. 이들은 혼자서만 대소사를 결정하며 외톨이로 지낸다. 가족 간에 일상의 소소한 재미를 느끼지 못한다. 자진해서 본인만 소외당하는 꼴이다. 또한 돈 때문에 부모 자식은 물론이고 형제 간에도 갈등이 끊이지 않는다.

돈이 있더라도 가족과 함께하지 않으면 행복한 부자가 될 수 없는 이유이다.

사실 은퇴생활에 있어 돈이나 건강보다 더 경계해야 할 것은 바로 고독이다. 청춘의 고독은 미래의 꿈을 만드는 거름이 될 수 있지만, 노년의 고독은 죽음의 전도사가 될 뿐이다. 자산을 모을 때는 배우자와 함께하라. 그리고 은퇴준비는 가족이 함께하라. 당신이 그리는 행복한 노후생활에 결코 '가족'이란 존재가 빠져서는 안 될 것이다.

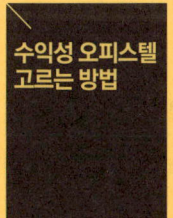

오피스텔은 소액투자의 대명사로 통한다. 오피스텔이 재테크 수단으로 인기를 누린 이유는 소비자의 입맛에 맞았기 때문이다. 다시 말해 직장인들의 기호에 맞게 완벽한 커뮤니티(골프, 수영, 헬스 등)와 기본적인 상가시설을 갖추고 있어 주거의 편리성이 아파트에 비해 월등히 좋다는 것이다. 여기에 환가성이 좋은 것도 투자의 장점으로 꼽히고 있다.

1. 교통환경이 좋은 곳(지하철 5분 거리)을 선택하라
2. 대학가 또는 오피스 밀집지역을 선택하라
3. 임대수익률이 5% 이상 되는 곳을 선택하라
4. 전용면적의 비율(65% 이상)이 높은 곳을 선택하라
5. 커뮤니티 시설(골프연습장, 헬스장, 사우나)이 갖춰진 곳을 선택하라

금융자산은 빨리 부동산으로 갈아타라

피부과 의사인 K씨(40세).

K씨는 결혼 16년차 맞벌이 의사 부부이다. 그녀는 신혼 시절 얼떨결에 아파트에 투자한 경험을 가지고 있다. 2001년, 지도교수의 아파트 매입 현장에 동행했다가 그녀도 아파트에 투자하게 되었다. 당시 돈이라고는 퇴직금으로 받아 둔 1,000만 원이 전부였다. 전세도 끼고 대출을 받아 서초동에 G아파트를 매입했다. 사실 지금 생각해 보면 말도 안 되는 소설 같은 얘기다.

K씨는 운이 좋았다. 아파트 가격이 하루가 지나기 무섭게 오를 때 투자했기 때문이다. 몇 년 동안 소유하고 있었더니 투자금액의 3배까지 올랐다. 생각할수록 기분이 좋았다. 하지만 한편으로는 걱정도 됐다. 이 아파트를 계속 보유해야 할지 아니면 갈아타야 할지

판단할 수가 없었기 때문이다. 이때부터 그녀는 자산관리의 중요성을 알게 되었다. 바쁜 의사생활이었지만, 자투리 시간을 활용해 자산관리에 대한 강의를 들으며 공부를 했다.

2006년 가을, 아파트를 처분하고 반포에 있는 A아파트로 갈아탔다. 아파트 가격이 올랐다 내렸다 반복하고 있었지만, 지금까지 아파트에 투자한 것으로만 수억 원을 벌었다. 전문적인 지식이 부족하고 시간도 없는 사람치고는 분명 실패는 아니었다.

그녀는 늘 바쁘게 생활하고 있었기에 더더욱 경제적 자유에 대해 고민해 보곤 했다. 자신이 은퇴준비를 위한 자산관리를 잘하고 있는지도 다시 한번 점검해 보았다. 부동산과 금융자산의 비율은 6 대 4 정도의 비율로 되어 있었다. 그런데 의문이 들었다. 은퇴 뒤에 부동산과 금융자산의 올바른 자산비율은 어떤 것인지 궁금했다. 여기에 부동산은 아파트로만 보유하고 있으면 되는 것인지, 아니면 땅을 비롯한 다른 부동산에도 적당히 투자를 해야 하는 것인지 도무지 알 수 없었다.

그녀는 지금까지 보험회사에 다니는 친한 친구에게 의존해 거의 아무 생각 없이 돈을 맡겼었다. 보험은 주로 장기상품 위주였다. 물론 비과세 혜택을 보는 상품도 있다. 하지만 변액연금이나 변액유니버셜은 가입한 지 5~6년이 지났어도 마이너스 상태이다. 그녀는 금융자산을 이렇게 보험자산으로만 운영해도 되는지 깜깜한 상태로 시간을 보내고 있었다.

> **현금자산 비중을 줄이고,
> 부동산은 늘린다**

그러던 그녀가 혼자 주먹구구식이 아니라, 제대로 자산관리에 대해 사람들과 함께 공부하기 시작하면서 변하기 시작했다. 지금까지 해 온 방법에 문제가 있다는 것도 알게 되었다. 그래서 기존과 거꾸로 은퇴준비를 하기 시작했다. 아파트는 재건축을 앞두고 있어 더 보유할 생각이다. 하지만 금융자산은 수익성 부동산으로 옮겨놓을 생각이다. K씨는 요즘 돈을 버는 것보다 관리하는 것이 더 어렵다는 사실을 절감하고 있다.

돈을 버는 것과 돈을 관리하는 것에는 분명한 차이가 있다. 일반적으로 돈을 투자해 돈을 버는 방법은 부동산이나 주식, 투자상품(펀드 외), 채권 등 다양하게 투자할 수 있다. 하지만 대부분의 사람들은 원금이 보존되도록 돈을 관리하며 단순하게 예적금 등에 묻어두고 있다. 그나마 재테크에 관심이 조금 있는 사람들이 연금이나 보험을 한두 개 정도 갖고 있을 뿐이다.

대부분 종잣돈을 빨리 모아야 하는 사람들의 마음은 급할 수밖에 없다. 이러한 조바심 때문에 주식이나 투자상품으로 종잣돈을 모으다가 원금 손해를 당하며 실패하는 경우가 많다. 다시 한번 강조하지만, 주식이나 투자상품은 종잣돈을 모으는 방법이 아니라 종잣돈을 투자하는 방법이다. 예를 들어 1억 원의 종잣돈을 가지고 있는 사람들이 주식과 투자상품에 각각 1,000만 원씩 투자하는 것이지, 종잣돈 1,000만 원을 모으기 위해 주식이나 투자상품에 돈을 넣어서는 안 된다는 얘기다. 고수익에 따른 원금손실의 위험이 상당히 크기 때문이다.

특히 2030세대가 종잣돈을 빨리 모으기 위해 주식이나 투자상품에 손을 대기 일쑤다. 홍수처럼 쏟아져 나오는 정보에 말려들어 대출까지 받아 가며 주식투자를 하는 것은 미친 짓이다. 주식투자로 돈을 번다는 게 그들의 생각만큼 쉬운 것이 결코 아니다. 마치 스님 머리에 삔 꽂기보다 더 어렵다는 사실을 알아야 한다. 오히려 종잣돈에 여유가 있는 사람들이 주식이나 투자상품에는 눈길도 주지 않는 경향이 있다. 이들은 오히려 원금에 손실이 없는 예적금으로 자산관리를 하는 경우가 많다. 하지만 저금리 시대일수록 전체 금융자산의 20~30%의 비중은 주식이나 투자상품으로 운영하는 것이 좋다. 이때 주식이나 투자상품은 한 가지 종목에 편중하면 안 되며, 반드시 분산투자를 원칙으로 해야 한다.

한편, 부동산은 돈을 투자하거나 관리하는 두 가지 방법으로 모두 손색이 없다. 부동산은 자본수익 또는 임대수익의 목적으로 투자할 수 있다. 여기에 자산을 안전하게 자녀들에게 물려주기 위한 증여·상속의 방법으로도 훌륭하다.

부동산은 아파트(재건축)를 비롯해 땅, 상가, 오피스텔, 단독주택(다세대·다가구) 등 여러 종류가 있지만, 전부 투자 대상으로 생각해서는 안 된다. 아파트의 경우에는 미래의 자본수익이 없을 것이라고 판단되는 경우에는 과감하게 처분하는 것이 좋다. 땅도 예외는 아니다. 도로 옆에 붙어 있다고 투자하는 것이 아니다. 분명한 것은 땅도 자본수익이 없다면 투자의 대상이 될 수 없다는 점이다. 또 수익성 상가나 오피스텔의 경우 임대수익률만 쳐다보고 투자해서는 안 된다. 예를 들어 오피스텔을 2억 원에 투자해 매월 100만 원의 월세를 받으면 연 6%의 수익률이 나오는 셈인데, 이때도 중요한 것은 3년 동안 월세를 받다가 처분하려고 할 때 투자금액 2억 원에 대한 손실이 없어야 한다는 점이다. 만약 3,000만 원~5,000만 원이라도 가격이 떨어졌다면 자기 돈으로 월세를 받은 꼴이 되기 때문이다. 따라서 부동산은 어떠한 종목을 막론하고 임대수익보다는 자본수익을 철저히 따져 투자해야 한다. 당연한 얘기지만 임대수익과 자본수익 두 마리 토끼를 다 잡을 수 있는 것이 최고의 상품이다.

은퇴준비를 위한 수익성 부동산에 대한 투자는 수익성이 보장되어야 한다. 다시 말해 자본수익과 함께 임대수익이 손에 잡혀야 한다는 얘기다.

똑똑한 부동산 투자는 여러 가지 장점이 많다. 저금리 시대의 부동산 투자는 레버리지 효과를 극대화시킬 수 있다. 여기에 세월이 지날수록 물가가 인상되는 인플레이션 위험을 줄일 수 있다. 또한 부동산의 과실(임대수익)을 통해 은퇴생활을 하다가 나머지는 그대로 자식들에게 물려줄 수 있는데, 이때 금융자산으로 증여·상속하는 경우보다 세금을 절세할 수 있는 효과가 있다. 이러한 장점들 때문에 은퇴부자들이 수익성 부동산을 신호하는 것이다.

미국 토크쇼의 여왕 오프라 윈프리는 "아무것도 결정하지 못하거나 선택하지 않으면, 그렇게 시간만 지나간다. 어떤 일도 일어나지 않는다"고 말했다. 당연하다. 당신도 더 이상 망설이지 마라! 당신도 은퇴부자가 되고 싶다면, 기존의 자산관리 방법에서 탈피하여 지금 당장 수익성 부동산으로 준비를 시작하라.

〝각종 금융상품을 얼마나 빨리 실물자산으로 전환할 것인가〞

도곡동에 사는 L씨(37세).

그녀는 결혼하면서 첫 직장이던 증권회사를 퇴직했다. 지금은 가정주부로 자녀들 육아에 전념하고 있다. 그녀는 증권회사를 다녔던 덕분에 주식이나 투자상품에 대한 어느 정도의 지식을 갖고 있었다. 하지만 주식이나 펀드에 투자하는 일은 없었다. 누구보다 그 위험성을 잘 알고 있었기 때문이다. 여기에 보험은 비용이라 생각되어 접근조차 하지 않았다. 그런데 부동산에 대해서는 호기심을 갖고 있었으면서도 문외한으로서는 너무 어렵게 느껴져 투자를 거의 포기하고 있었다.

2011년 봄, 예전에 남편이 형제들과 공동으로 상속을 받았던 건물이 매각되면서 현금자산이 늘어났다. 그녀의 행복한 고민은 더 깊어졌다. 돈의 현재가치는 시간이 지날수록 계속 떨어진다는 것을 잘 알고 있었다. 그럼에도 불구하고 자산관리 방법을 잘 몰랐기 때문에 정기예금에만 넣어 두고 있었다. 그 대신 한 군데 은행만 거래하지 않았다. 몸이 힘들어도 금리가 높은 저축은행을 쫓아다녔다. 그녀의 자산관리 스타일은 오로지 원금이 보장되는 정기예금에만 넣어두는 것이었다. 현재 살고 아파트를 제외하고는 모든 자산을 100% 현금(정기예금)으로만 운영하고 있었다. 하지만 매년 물가상승률과 계속 떨어지는 예금금리, 여기에 금융자산 종합과세가 강화되어 세금이 더 늘어나고 있었다.

만약 그녀가 이 같은 자산관리 방법에서 계속 벗어나지 못했다면, 아직도 은퇴준비는 시작하지 못했을 것이다. 물론 자산의 증가도 없었을 것이다.

L씨는 신문을 보고 전화를 했다며, 나에게 자산관리에 대한 상담 요청을 해 왔다. 첫 대면상담이 있던 날부터 그녀는 지금까지의 자산관리 방법을 바꾸고자 하는 의지가 상당히 강해 보였다. 결론적으로 나는 금융자산을 실물자산인 수익성 부동산으로 바꿔야 한다고 자문해 주었다. 그녀는 발 빠르게 움직였다. 곧바로 부동산을 공부하면서 상권을 보러 다녔다.

2011년 가을, 그녀는 유명 커피 프랜차이즈가 들어 있는 수익성 상가(30억 5,000만 원)에 대출금(10억 원)을 끼고 투자했다. 현금자산 전부를 털어 넣었다. 임대보증금 3억 원에 월세가 1,750만 원으로 연 7.64%의 수익률(대출을 감안하지 않은 수익률. 대출금을 감안하면 수익률은 더 높아진다)이 나왔다. '혹시 장사가 잘 안 돼서 세입자가 나가면 어떻게 하지?'라는 생각에 커피숍의 매출규모까지 살펴봤다. 다행히 그곳의 매출규모는 전국 10위 안에 들었다. 매장에 갈 때마다 빈 좌석이 없을 정도였다. 아마 계약서를 쓰기 전까지 그 곳에서 마신 커피가 수십 잔은 족히 넘을 것 같았다.

그녀는 대출을 받아본 역사가 없었다. 처음 대출을 받던 날, 무섭고 속상해서 가슴으로 울었단다. 지나고 보니 억지 울음이었다. 지금은 대출금 이자보다 높은 임대수입이 꼬박꼬박 통장으로 들어오는 것을 보면서 레버리지 효과를 온몸으로 만끽하고 있다.

L씨는 부동산 투자에 성공한 이후부터 생각을 완전히 바꾸었다.

이전에 부동산은 막연하게 좋은 것 같으면서도 아는 것이 없어서 투자하기에는 어려운 대상이었다. 하지만 지금은 막연한 동경의 대상이 아니다. 어떻게 투자해야 할지, 그 투자를 위해 어떻게 자산관리를 해야 할지 알게 되었다. 그녀는 요즘 종잣돈을 차곡차곡 모으고 있다. 또 다른 부동산에 투자하기 위해서이다.

L씨를 이렇게 변화시킨 것은 바로 금융자산에서는 맛볼 수 없던 높은 임대수익률과 자본수익의 확신이었다. 대부분의 사람들이 실물자산으로 갈아타지 못하는 이유는 두려움 때문이다. 막연하게 알고 있는 상식 수준의 지식으로는 임대수익은 몰라도 자본수익을 제대로 볼 수 없기 때문이다. 무작정 금융자산을 부동산으로 갈아타라는 얘기가 아니다. 부동산에 대한 두려움이 사라졌을 때 갈아타라는 것이다. 그만큼 공부가 필요하다.

실물자산인 부동산과 달리 금융자산은 자본수익이 없다. 오로지 이자수익만 있을 뿐이다. 여기에 화폐가치 하락에 따른 위험도 도사리고 있다. 반면 부동산은 임대수익과 함께 자본수익까지 얻을 수 있다. 물론 미래가치가 없는 실물자산은 자산가치의 하락으로 자본수익이 마이너스가 될 수도 있다. 이렇게 미래가치에 대한 위험이 상존하고는 있지만, 임대수익이 이자수익보다 높고, 여기에 자본수익까지 챙길 수 있는 장점이 있다.

부동산 가격이 천정부지로 오르던 시절에는 투자에 실패하는 사람이 거의 없었다. 급기야 부동산은 투자의 대상이 아니라 투기의 대상으로 인식되었고 사회적 지탄을 감수해야 하는 시절도 있었다. 그런데 지금은 사정이 다르다. 더 이상 부동산 투자가 곧 성공이라는 공식은 성립하지 않는다. 부동산은 투기의 대상이 아닌 투자의 대상이다. 요즘 같은 저금리 시대에 은퇴준비는 실물자산인 수익성 부동산에 관심을 갖는 것으로 시작하는 것이 좋다.

중국의 병법서 《삼십육계三十六計》에 '금선탈각金蟬脫殼'이란 말이 있다. 금빛을 가진 매미는 자신의 껍질을 과감하게 벗어 던짐으로써 만들어진다는 얘기다. 분명 어제의 은퇴준비와 오늘의 은퇴준비는 달라야 한다. 은퇴부자가 되려면 과감하게 자신의 껍질을 벗어 버려야 한다. 당신도 행복한 은퇴부자가 되려면 어제의 방법만이 옳다고 고집부리지 말고, 탈각하라. 은퇴부자는 금융자산으로만 하는 것보다 실물자산과 같이 할 때 더 빨리 이루어질 수 있다는 사실을 명심하라.

주식투자보다 내 집 마련이 먼저다

커피 가게를 운영하고 있는 노총각 T씨(37세).

그는 대학을 졸업하고 대기업에 입사했다. 부지런하고 성실했기 때문에 동기들보다 승진이 빨랐다. 회사에서는 그야말로 탄탄대로를 달렸다. T씨는 가난했던 집안사정 때문에 대학 시절 아픔이 있었다. 매일 라면으로 끼니를 때우면서 학업과 아르바이트를 병행하며 학교를 다녔다. 학비는 물론이고 생활비까지 스스로 해결해야 했다. 자연스럽게 뭐든지 아끼고 절약하는 것이 몸에 습관처럼 배었다.

그는 대학 졸업 후 회사에 입사해서도 소문난 인재로 통했다. 업무추진 속도가 빨랐고 게다가 성과까지 좋았다. 그는 틈틈이 재테크 관련한 공부도 열심히 했다. 구체적인 내 집 마련 계획도 세웠다. 그런데 빠듯한 월급만 가지고는 종잣돈을 모은다는 게 그리 만만치 않았다. 그래서 종잣돈 모으는 방법을 예적금에서 탈피하여 주식투자로 바꿨다. 주식투자의 위험성은 알고 있었지만 종잣돈을 빨리 모으기 위해서는 어쩔 수 없는 선택이었다. 월급은 물론이고 상여금까지 오로지 주식투자에만 집중시켰다. 처음 한동안은 수익이 짭짤했다. 앞으로 2~3년 정도만 잘하면 내 집 마련도 거뜬히 할 수 있을 것 같았다. 이 분위기를 타고 신용대출까지 받아 주식투자에 올인했다. 그런데 주식투자의 수익은 한순간에 끝나 버렸다. 회사 업무가 바빠지면서 주식에 신경 쓸 여력도 없었고, 당장 대책이 서질 않았다.

급기야는 주식투자로 몇 년 치의 연봉을 고스란히 날리게 되었다. 동기들보다 재테크를 빨리 시작했는데도 불구하고 빚쟁이로 전락하고 말았다. 당시 동기들은 하나둘씩 결혼과 함께 내 집 마련에도 성공하고 있었다. T씨는 동기들보다 빨리 가려다가 오히려 자빠진 꼴이었다. 그는 회사에서는 누가 뭐래도 동기들에 비해 잘나갔었다. 하지만 투자에 실패해 하루아침에 소위 자존심이 심하게 구겨지고 말았다. 회사를 계속 다니기가 창피할 정도였다. 게다가 월급만 가지고는 영원히 빚쟁이에서 벗어나지 못할 것 같았다. 그는 고민 끝에 리스크를 감수하고라도 안전한 회사를 떠나 자신이 잘할 수 있는 자영업에 도전해 보기로 결심했다.

2012년, T씨는 회사를 그만두었다. 그리고 퇴직금을 밑천 삼아 조그만 커피전문점에 도전장을 내밀었다. 워낙 대형 커피전문점이 많아 이들과의 경쟁을 최소화하기 위해 엄청나게 발로 뛰며 시장조사를 했다. 자영업이라는 것이 쉬울 리가 없기에 이미 단단히 각오한 터였다. 다행히 강남에 오피스가 많은 뒷골목에 조그만 커피 가게를 열 수 있었다. 투자비용을 조금이라도 줄이기 위해 커피 브랜드부터 가게 인테리어까지 직접 만들었다. 그리고 가게가 자리를 잡아 갈수록 하루 매출이 70만 원~80만 원을 넘기게 되었다. 모든 비용을 공제하고도 매월 1,000만 원 이상을 저축할 수 있었다.

T씨는 친구들에 비해서는 늦었지만 은퇴준비도 시작했다. 과거의 아픈 경험 때문에 주식은 거들떠보지도 않았다. 그리고 2014년 초, 그는 꿈에 그리던 내 집 마련에 성공했다. 서초동에 있는 W아파트($76.03m^2$)를 전세(3억 9,000만 원)를 끼고 5억 9,000만 원에 투자했다. 당분간 전세를 놓고 있다가 결혼하면 입주해 살 생각이다. 이렇게 내 집 마련에 성공하고 보니, 지난날 주식투자에 실패해 절망의 늪에 빠져 허우적대던 시절부터 퇴직을 할 수밖에 없었던 사연들이 스쳐가면서 그야말로 만감이 교차했다.

사실 T씨는 안정된 좋은 회사를 뛰쳐나올 때만 해도 걱정이 많았다. 하지만 내 집 마련까지 성공하고 나니 회사를 나와 사업을 시작한 것이 잘했다는 생각이 든다. 요즘 체인점을 내 달라는 사람들도 찾아오고 있다. 몇 년만 더 고생하면 사업을 더 튼튼하게 성장시킬 수 있겠다는 자신감도 생겨났다. 그는 오늘도 은퇴준비에 박차를 가하고 있다. 인생이란 언제 어떻게 위태로워질지 모르는 불확실성 투성이므로 유비무환의 자세로 살고 있다.

은퇴준비야말로 자신의 미래를 위한 중요한 투자이다. 하지만 2030세대는 자산관리의 종점이 행복한 은퇴생활이라는 사실을 간과한다. 자산관리를 은퇴에 초점을 맞추게 되면 더 신중하게 투자하는 습관이 생긴다. 한 방의 유혹에 넘어가 투자에 실패하게 되면 은퇴준비는 점점 더 멀어질 뿐이다.

사람들이 일반적으로 자산관리를 하는 방법은 다음의 3가지 정도로 분류할 수 있다.

첫째, 수익성 위주로 투자하는 방법이다. 이 경우에는 시장 상황에 따라 원금을 손해 볼 수도 있다는 위험이 따른다. 이를 감수하면서 고수익 상품에 투자하는 것이다. 주로 주식이나 투자상품(파생상품, 선물·옵션 등)에 집중적으로 자산을 굴리거나 관리하는 경우이다. 이 같은 공격형 투자는 전문적인 지식이 있는 기관투자자들이 선호하는 자산관리 방법이다. 자칫 2030세대가 성급한 마음에 뛰어들었다가 종잣돈을 만들기는커녕 본전도 못 찾는 경우가 많으므로 각별히 유의해야 한다.

둘째, 수익성과 위험성을 적절하게 조절하여 투자하는 방법이다. 대부분의 자산을 위험이 덜한 상품에 투자하는 것이다. 주로 위험성이 적은 부동산 투자에 집중하며, 위험이 따르는 고수익 상품에는 아주 적은 규모의 자산만 운영하는 식이다. 이는 4050세대가 은퇴준비를 위한 투자로 가장 선호하는 방법이기도 하다. 또한 6070세대의 경우에도 수익성과 위험성을 적절하게 조절해 자산관리를 하는 것이 유리하다.

셋째, 수익성보다는 위험성이 전혀 없는 곳에 투자하는 방법이다. 모든 자산을 수익성 위주로 투자하는 것이 아니라, 위험성이 전혀 없는 상품에 투자하는 것이다. 주로 위험성을 느낄 수 없는 예적금이나 채권에 집중적으로 투자하는 경우이다. 흔히 2030세대가 종잣돈을 모으기 위한 방법이다. 하지만 종잣돈이 모아지는 속도가 느리다는 것이 단점이다. 이 때문에 성격이 급한 2030세대들은 수익성 위주의 투자를 선호한다. 하지만 급하게 먹는 밥이 채하듯, 위험성을 감안하기 않고 수익성만 쫓아 투자하는 것은 종잣돈을 모으는 방법으로 결코 바람직하지 않다.

누가 뭐래도 은퇴준비의 시작은 주식투자보다 내 집 마련이 우선이다. 대부분의 사람들이 안전한 자산을 선호하기 때문이다. 우선 주식은 무형의 투자가치로 인식되고 있다. 하지만 내 집 마련은 삶의 '실제 거주가치+자본수익'이 있는 것으로 인식되고 있어 안전자산으로 평가되고 있다. 여기에 사회통념상 정서적으로 안정감을 더해주는 것도 한몫한다.

특히 주식투자는 관리에 따른 시간비용이 많이 들어간다. 여기에 가격이 떨어지면 그대로 손해로 이어진다. 또한 주식은 경기 상황에 따른 업종별 가격 변동폭이 크기 때문에 기업정보에 어두운 개인은 불리할 수밖에 없다. 한 마디로 개인에게는 투자위험이 너무 크다. 반면, 내 집 마련은 투자한 이후에는 거주를 하게 되기 때문에 관리에 따른 시간비용이 들어가지 않는다. 주식시장은 기관과 개미의 싸움이다. 코스피지수가 올라도 개미들은 손해를 당하는 경우가 많다. 그러나 내 집 마련은 다르다. 주택시장은 개인끼리 경쟁하는 경우가 많아 투자위험이 적다. 게다가 거주를 목적으로 한 장기투자이기 때문에 당연히 주식투자보다는 내 집 마련이 우선이어야 한다.

중국의 건륭제는 "편안할 때 위태로움을 생각하라"고 했다. 그렇다. 한 푼이라도 수입이 있을 때, 은퇴 뒤에 찾아올 위태로움에 대비해야 한다. 은퇴준비를 위한 재테크를 연습 삼아 해 본다는 마음가짐은 곤란하다. 은퇴준비의 첫 작품은 안정적으로 성공할 수 있는 것이어야 한다. 급한 마음에 수익성만 쫓다 보면 결과적으로 더 늦어질 수가 있다.

행복한 은퇴부자가 되고 싶다면 내 집 마련부터 성공하라! 그 다음 주식에 투자해도 늦지 않을 것이다.

부동산 정책보다 자체의 미래가치에 집중하라

D기업에 다니는 H씨(42세).

그는 배우자와 같은 회사에 다니는 맞벌이 부부다. 사내 커플로 결혼까지 골인한 그들은 다른 동료들에 비해 결혼도 빨랐고 내 집 마련도 빨리 한 편이었다.

2009년, 송파에 있는 A아파트(82.06㎡, 시세 6억 5,000만 원)도 장만했다. 그러나 그는 요즘 허탈감에 빠져 있다. 며칠 전 대학 친구와 술자리를 함께한 이후부터이다. 두 사람은 오랜만에 만난 터라 이런저런 얘기로 시간 가는 줄 모르고 술자리를 즐겼다. 술자리가 파할 무렵 자연스럽게 화제는 은퇴준비 얘기로 바뀌었다. 서로들 내 집 마련에 얽힌 사연을 얘기하기 시작했다. 친구는 2009년에 잠원동에 있는 H아파트(68.91㎡, 시세 5억 3,000만 원)를 장만했는데 현재 시세 대비 1억 5,000만 원~1억 8,000만 원 정도가 올랐다는 것이다. 술이 확 깨는 순간이었다. 그는 친구와 같은 해에 아파트를 장만했는데 가격이 5,000만 원 정도 떨어진 상태였기 때문이다. 비슷한 시기에 장만한 아파트 가격이 이렇게 차이가 날 수 있다니, 그날 밤 잠을 설칠 정도였다.

정말 억울했던 것이, 당시 H씨는 신중을 기하기 위해 정책이슈를 꼼꼼히 살펴 가며 아파트에 투자했다. 잠실의 제2롯데월드가 완공되면 주변지역 아파트 가격이 올라갈 것이라 판단하고 투자했던 것이다. 반면 친구는 정책이슈는 쳐다보지 않았다. 어차피 자녀들 키우면서 거주할 집이라 교육환경을 비롯해 편의시설, 자연환경, 교통환경 등을 꼼꼼히 따져 우수한 곳을 선택했을 뿐이다.

일반적으로 실수요자의 경우에는 부동산 시장에 대한 착시현상을 가지고 있다. 아파트 가격이 오르는데도 '이러다 말겠지'라고 생각하는 것이다. 또 너무 많이 올라 '더 오를까? 혹시 거품은 아닌가?' 이런저런 생각으로 시장을 똑바로 보지 못하는 경향이 있다. 우리나라 부동산 시장은 누가 뭐래도 수요에 비해 공급이 부족하다. 또 주택에 대한 공급정책보다는 조세정책을 앞세운 규제정책만 강화되고 있다. 물론 단기적으로는 가격이 조정될 수 있지만, 중장기적으로는 수급 불균형으로 인해 가격이 상승할 수 있다. 오히려 시장에는 부담이 될 수 있다.

　모든 상품의 가격은 수요와 공급에 의해서 결정되는 것이 시장경제원리다. 하지만 부동산만큼은 예외인 것 같다. 부동산 가격이 떨어지면 실수요자들은 자취를 감춰 버린다. 시장을 외면해 버리는 것이다. 반면 가격이 상승하기 시작하면 우르르 몰려든다. 당연히 가격은 올라가기 마련이다. 이러한 현상이 바로 실수요자들은 아직도 부동산 정책에 휘둘린다는 증거이다. 예를 들어 조세정책이 강화되고 재건축아파트가 규제되면 반드시 가격이 떨어지는 것으로 믿는다. 그런데 시장은 바람대로 움직이지 않는다. 부동산 시장의 근본적인 문제 해결이 안 되기 때문이다. 따라서 어디까지나 시장을 직시하면서, 부동산 정책을 꿰뚫어 볼 필요가 있다. 부동산 시장을 거꾸로 생각해 보라는 얘기다. '가격이 오르다 말겠지' 하는 생각은 하루빨리 버려야 한다. 특히 가격이 오르고 내리는 것에 부화뇌동하여 같이 춤을 추어서도 안 된다. 분명한 것은 부동산 가격이 더 떨어지기를 기다리다가 매수 시점을 놓치는 것은 영원히 내 집 마련 기회를 놓치는 일이 될 수도 있다는 점이다.

　'양극화兩極化'의 사전적 의미는 서로 점점 더 달라지고 멀어진다는 뜻이다. 경제적인 의미도 비슷하게 사용되고 있다. 상위계층은 소득이 점점 증가하는 반면 하위계층은 갈수록 소득이 줄어든다는 뜻이다. 다시 말해 빈익빈부익부 현상이 심화되고 있다는 얘기다. 그런데 최근 들어서는 부동산 시장에서도 양극화 현상이 두드러지게 나타나고 있다. 이러한 현상은 서민경제에 상대적 박탈감을 안겨줄 뿐이다. 어서 빠른 치유가 필요하다. 부동산 시장의 양극화는 세 가지 정도로 진행되고 있다.

첫째, 지역의 양극화 현상이다. 서울 지역과 수도권 지역, 서울 강남과 강북 지역, 신도시와 구도시의 아파트 가격의 차이가 점점 벌어지고 있다. 주요 원인은 재산불리기식 재건축이 투자 지역의 차이를 크게 벌려 놓고 말았다는 것이다. 물론 재건축 하나가 가격상승의 주범이라고 단정 지을 수는 없다. 강남 지역의 경우 강북 지역보다는 다소 좋은 교육환경을 비롯해 각종 편의시설 등을 갖추고 있다. 또 강남 지역에 인구가 늘어나면서 이 지역에 아파트를 장만하려는 대기수요자가 꾸준히 늘고 있는 것도 한 요인이다. 이러한 현상은 곧바로 공급부족을 야기하여 가격상승으로 이어지고 급기야 양극화의 주범으로까지 되었다.

둘째, 종목의 양극화 현상이다. 부동산 시장의 양극화는 아파트에만 있는 것은 아니다. 부동산 전 종목에 걸쳐 나타나고 있다. 한 마디로 주택시장(다세대, 다가구 등)은 실수요자나 투자자에게 외면을 당하고 있는 처지다. 반면 수익성 상가의 경우에는 투자자 모두에게 사랑을 받고 있으며, 가격은 상승 추세이다.

셋째, 규모의 양극화 현상이다. 아파트의 경우 소형 대 중대형 아파트의 가격 양극화가 빠르게 진행되고 있다. 우리나라 아파트 문화의 도입기라고 볼 수 있는 70년대의 경우 소형 아파트가 시장을 선도했다. 그러던 것이 8,90년대 성장기를 거치면서 중형 아파트가 인기를 끌게 되었다. 하지만 아파트가 주택문화로 확실하게 자리매김하기 시작한 2000년대 중반까지는 확연하게 중대형 아파트를 선호했다. 그러나 금융위기 이후 1인세대가 증가하면서 중대형보다는 소형 아파트 가격이 강세를 보이고 있다.

일반적으로 투자자는 시장의 양극화 위험으로부터 벗어나야 투자에 성공할 가능성 높아진다. 따라서 부동산 시장에서 나타나고 있는 양극화 현상을 꿰뚫어 볼 줄 알아야 투자에 실패하지 않는다. 특히 부동산 정책 이슈에 예민하게 반응하는 종목의 양극화, 규모의 양극화 현상은 투자자가 반드시 주의해야 한다. 이렇게 부동산 시장에서 양극화 현상이 심해지면 주택의 수요와 공급의 균형이 깨질 수 있다. 또한 시장은 불안해지고 시장에는 풍선효과가 생기면서 가격은 상승하거나 하락하게 된다. 부동산 정책은 시장의 경기 흐름에 따라 쏟아지기 마련이다. 여기서 명확하게 알아두어야 할 사항은 부동산 정책에 흔들려서 투자해서는 안 된다는 것이다. 부동산 정책을 곧이곧대로 믿고 투자에 나서는 경우 실패할 확률이 높다.

  그러나 지역의 양극화 현상은 부동산 정책에 민감하게 반응하지 않는다. 은퇴부자가 되는 사람들은 부동산 시장의 양극화 현상을 세분화해 투자에 나선다. 지역의 양극화 현상을 부추기는 부동산 정책 이슈에 민감해지면 오히려 투자에 헛발질을 할 수 있다. 지역의 양극화 현상은 부동산 정책에 따라 좌지우지되지 않기 때문이다.

  스타벅스의 심벌로 유명세를 타고 있는 세이렌Siren은 고대 그리스 신화에 나온다. 세이렌은 수많은 남성들을 유혹하였고, 관능적인 유혹에 넘어간 남성들은 죽음을 면치 못했다.

  절대로 부동산 정책에 유혹 당하지 말라. 부동산 시장의 양극화 현상에 빠지지 말고, 부동산 지역이 가지고 있는 자체의 미래가치를 파악해 투자하자!

chapter 3

평범한 사람들이 **은퇴부자**가 된 비결

은퇴부자들

20대, 명품백은 잠시 잊어라

서교동에 사는 새댁 A씨(28).

그녀는 서점에서《강남부자들》을 보았을 때만 해도 자신과는 상관없는 먼 이야기인 것만 같았다. 그러나 '그들이 부자가 될 수밖에 없는 이유'라는 부제가 호기심을 자극했다. 특별한 비법이라도 숨어 있는 것인지 그 자리에서 책을 읽기 시작했다.

그녀 역시 결혼한 지 얼마 안 된 신혼부부라 '신혼 3년, 지독하다'라는 페이지가 먼저 눈에 띄었다. 책 속의 주인공은 결혼 5년 안에 집 장만을 목표로 신용카드 사용 금지, 외식 금지, 자동차 처분 등의 몇 가지 실천 방안을 세워 실행하고 있었다. 연소득 70%를 저축하면서 종잣돈을 모아 아파트를 장만하고 시세차익도 보았다는 내용이었다.

2012년, A씨 부부도 당차게 결혼생활을 시작했다. 신혼집은 아파트의 편리함을 포기하고 전세금 및 관리비가 상대적으로 싼 빌라를 구했다. '서울 안에 내 집을 마련하기 전까지는 자동차를 구입하지 말자'라는 목표 아래 아끼고 절약했다. 그리고 내 집 마련 전까지 여러 번의 이사를 고려해 부피가 큰 가구인 소파나 침대 등은 장만하지 않았다. 처음부터 완벽하게 시작하겠다는 생각도 버렸다. 오직 목표를 달성하기 위해 지출을 최소화하면서 종잣돈 마련에 최선의 노력을 기울였다. 명품백은 현재의 자신에게는 사치라고 생각했다. 그런데 결정적으로 종잣돈 굴리는 방법을 몰랐다. 어디에 투자를 하면 좋은지, 어느 지역의 아파트를 사면 투자가치가 있는지 알 수가 없었다.

  A씨와 함께 공부를 시작하게 된 때가 바로 그 무렵이었다. 그녀는 결혼한 지 얼마 안 되어 자산이 별로 없었기에 자산관리의 큰 효과는 기대하지 않았다. 그저 새로운 경험을 해 본다는 가벼운 마음으로 문을 두드렸는데, 뜻밖에도 그 작은 출발이 인생의 큰 변화의 시작이 되었다.

  그녀는 종잣돈을 모으고 굴려서 부자가 되는 것이 자산관리의 진정한 의미는 아니라는 것을 깨달았다. 자산관리 그 이상의 꿈, 바로 행복한 은퇴생활을 영위할 수 있는 은퇴부자가 되는 것을 꿈꾸기로 했다. 이전까지만 해도 단순히 부자가 되는 것에만 관심이 있었다.

아직 20대 아름다운 청춘이었기에 '은퇴'라는 단어는 떠올려 본 적도 없다. 하지만 멘토스쿨의 다양한 연령대의 열정 넘치는 사람들과 만나면서 생각이 통째로 바뀌었다. 그녀는 돈을 벌기 위한 자산관리가 아니라, 은퇴준비를 위한 자산관리를 시작하기로 했다.

먼저 종전의 방법인 단순히 돈을 모으는 것에서 탈피했다. 금융상품의 목표 수익률을 정해놓고, 목표에 도달하면 꾸준히 리밸런싱rebalancing 했다. 또한 자산을 안정적인 투자와 공격적인 투자로 구분하여 관리했다. 여기에 지출에 대한 계획을 세워 집행했다. 무조건 아껴 쓰기보다는 고정지출과 변동지출로 나눈 다음 이를 연간지출로 구분했다. 그리고 각기 지출한 항목에 대한 예산표를 작성했다. 이렇게 예산 범위 내에서 사용하니 지출을 통제할 수 있었다. A씨는 단순히 수입과 지출을 기록하던 가계부를 탈피하여 좀 더 세분화하여 지출을 관리하기로 한 것이다.

사소한 듯보여도 이렇게 꾸준한 자산관리의 결과는 놀라웠다. 무려 소득의 75%까지 저축하며 종잣돈을 모으고 있는 A씨다. 당연한 얘기지만 종잣돈을 모으는 동시에 부동산에 대한 내공도 쌓아 가고 있다. 종잣돈이 어느 정도 모였다고 해서 섣불리 투자할 생각은 추호도 없다. 그녀의 소박한 꿈은 2년 이내에 은퇴준비의 첫걸음인 내 집 마련을 하는 것이다. 그 꿈을 이루기 위해 주말엔 남편과 함께 관심 있는 지역의 아파트를 알아보며 데이트를 즐기고 있다.

20대는 한창 인생을 즐길 청춘의 나이다. 그런 20대 신혼부부가 벌써부터 은퇴준비를 한다니 생소하거나 극성스러워 보이는지도 모르겠다. 하지만 A씨의 대답은 명쾌하다. "명품백을 앞세우며 거리를 활보하는 것보다, 은퇴준비를 하는 것이 더 행복하니까요." 그렇다. 그녀가 남들보다 일찍 은퇴준비를 시작했다고 해서 인생의 행복을 미뤄 둔 것은 아니다. 그녀는 종잣돈을 모으는 행복, 은퇴준비를 위해 내공을 쌓는 행복을 누리고 있는 것이다.

종잣돈을 다 모아 부자가 되었을 때야 비로소 행복한 부자가 되는 것은 아니다. 종잣돈을 모아 가는 과정에서 행복을 느낄 수 없다면, 부자가 되어서도 행복한 부자가 될 수도 없으며 행복한 은퇴생활은 꿈도 꾸지 말아야 한다.

제갈공명은 '도광양회韜光養晦', 즉 빛을 감추고 어둠 속에서 내실을 다지며 실력을 쌓으라는 말로 유비에게 '천하삼분지계天下三分之計'를 설득시켰다. 그렇다. 의지만 있다고 해서 천하를 지배할 수 있는 것이 아니다. 내공을 기르고 실력을 쌓지 않으면 천하를 지배할 수 없다. 소리만 요란한 엽전만 가지고서 투자에 나서는 것은 꿈도 꾸지 마라. 그나마 몇 잎 안 되는 엽전마저 까먹을 수 있기 때문이다.

은퇴부자가 되는 사람들은 종잣돈을 모으는 과정에서부터 내 집을 마련하고, 그리고 또 다른 투자를 하기까지 서두르지 않고 신중하게 움직인다. 종잣돈을 다 모았다고 해서 빨리 집 장만에 나서지 않는다는 얘기다. 실력을 기를 때까지 기다린다. 미래가치를 볼 줄 아는 내공이 만들어지지 않는다면 실패할 가능성이 높다.

많은 사람들이 내 집 마련을 앞두고 신중하게 살피기보다 잘 알지도 못하는 지역의 분양권을 사들이며 호들갑을 떤다. 미래가치가 뭔지도 모르면서 투자에 나선다. 행복한 은퇴부자가 되고 싶다면 20대부터, 하루라도 일찍 부동산에 눈을 뜨길 바란다. 종잣돈을 모으는 '과정'부터 행복을 느끼도록 해 보라. 그리고 내공이 쌓이지 않았다면 실전투자에 나서지 마라!

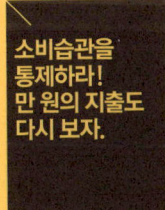

소비습관을 통제하라! 만 원의 지출도 다시 보자.

1. 자동차를 버려라.
2. 공산품은 대량으로, 식료품은 소량으로 구매하라.
3. 문화생활은 무료로 이용할 수 있는 공공기관(국립중앙박물관 등)을 적극 활용하라.
4. 사교적인 만남은 저녁(만찬)보다 점심(오찬)을 이용하여 비용도 절감하고, 가족과 함께하는 시간을 가능한 한 많이 확보하라.
5. 기념일을 최대한 줄여라(합쳐라).
6. 운동으로 건강한 몸을 유지하라.

30대 직장인에게
최고의 자기계발은 경매공부

글로벌 회사에 다니는 Y씨(34세).

맞벌이 부부인 그녀는 부지런히 은퇴준비를 하고 있다. 그녀의 최종 목표는 당연히 행복한 은퇴부자가 되는 것이다. 그녀는 그 꿈을 이루기 위해 자산관리 공부에 중독되어 있다. 부동산에 대한 통찰력을 기르고, 미래가치 있는 자산을 고르는 안목을 길러 경매에 도전하기 위해서이다. 여기에 최저가에 자산을 매입해 자본수익을 창출하는 방법을 찾기 위해 매진하고 있다.

그녀는 법은 잘 몰랐지만, 7개월에 걸쳐 경매공부를 했다. 그리고 미래가치 있는 땅을 찾아 나섰다. 처음엔 마땅한 물건이 눈에 잘 띄지 않았다. 하지만 공부를 할수록 물건들이 보이기 시작했고, 미래가치 여부를 따져볼 수 있게 되었다. 종잣돈이 넉넉하지 않은 관계로 주로 소액 물건에만 관심을 가졌다. 그러나 종잣돈이 작다고 소심하게 주저하거나 포기하지 않았다. 오히려 더 대담하게 실행하려고 했다.

2013년 12월, 화성에 소재한 땅(답, 66.07㎡, 1차 법원감정가 1,940만 원)이 3차(666만 원)까지 유찰된 것을 발견했다. 권리분석도 평이했다. 압류 7건에 가압류 1건이 있었다. 모두 경매로 소멸되는 권리였다. 미래가치도 훌륭했다. 1종일반주거지역에 1종지구단위계획구역으로까지 지정되어 있었다. 여기에 성장관리권역에 택지개발예정지구에도 포함되어 있었다. 그녀는 4차에서 680만 원에 매수하는 데 성공했다.

매수 후, 주변의 중개업소를 통해 시세를 확인해 봤더니, 적어도 3,000만 원 정도면 매도가 가능하다고 했다. 당시에는 확실히 몰랐지만, 땅 중에서는 가장 많은 개발가능성이 있는 토지였다. 뒤이어 2014년 봄, 그녀는 또다시 화성 지역에 경매로 나와 있던 땅(전, 136㎡, 380만 원)을 4차 입찰에 참가해 매수하는 데 성공했다. 지난번에 경매로 매수했던 주변지역의 땅이었다. 당연한 얘기지만 계획관리지역, 성장관리권역으로 미래가치가 출중해 보였다. 최소한 5년 이상 묻어 둘 생각이다.

Y씨는 경매물건 한두 개를 매수했다고 해서 끝났다고 생각하지 않는다. 이제부터가 본격적인 은퇴준비의 시작이라고 생각한다. 그

녀의 경매에 대한 생각은 확실하다. 쓰러져 가는 물건만을 잘 골라 자본수익을 극대화시킬 전략을 세워 두고 있는 것이다.

그녀는 책상머리에서 공부한 것만 가지고 판단하지 않는다. 미래 가치 있는 물건을 발견하면 주말을 이용해 현장으로 달려가 이것저것 따져본다. 현장을 꼼꼼히 살피는 것이다. 또한 어려운 권리분석을 만나면 혼자서 끙끙대지 않고 지체 없이 멘토에게 자문을 구해 답을 얻는다. 그녀는 유찰횟수가 많은 물건일수록 더 많은 자본수익이 있다고 생각하고 있기 때문에 무작정 기피하지 않는다. 물론 위험할 수도 있다. 그렇지만 끝까지 물고 늘어져 위험을 감안한 자본수익 여부를 따져 본다.

그녀는 은퇴부자가 좀 더 빨리 되는 방법으로 경매를 선택했다. 그녀의 친구들이 영어학원 다니고 MBA 과정을 밟을 때 성실하게 은퇴준비를 시작했던 것이다. 은퇴 후에 웃는 승자가 되기 위해서이다.

대부분의 사람들이 경매를 어렵다고만 생각한다. 경매는 법 원칙에 따라 금전의 지급을 목적으로 한다. 다시 말해 채무자(돈을 빌린 사람)의 부동산을 매각하여 현금화한 후 배당이라는 절차를 통해 채권자(돈을 빌려준 사람)에게 놀려주는 것이다. 즉, 경매제도는 채무자의 재산을 객관적이고 공정한 가격으로 현금화하여 채권자에게 우선순위에 따라 공정한 만족을 주는 일련의 법 집행절차이다. 이렇게 경매는 채권자를 비롯해 채무자, 소유자, 매수자, 기타 많은 이해관계자들이 얽혀 있다. 이 때문에 어렵고 복잡하게 여겨질 수도 있다. 또한 법을 잘 모르는 사람들은 경매로 은퇴준비를 하는 것은 부적절하다고 생각할 수도 있다. 리스크 때문이다.

그러나 경매로 은퇴부자가 되는 사람들은 경매가 어렵다고만 느꼈던 과거의 생각이 기우였다는 사실을 확실히 깨닫게 된다. 경매로 은퇴부자가 되는 사람들이라고 법을 잘 아는 것은 아니다. 대신 그들만의 비법이 있다. 바로 경매에 대한 모든 것을 투자자, 즉 매수자 입장에서 생각한다는 것이다. 경매를 어렵게 배우는 것이 아니라 단순화시켜 쉽게 공부한다. 예를 들어 주로 채권자에게만 해당되는 배당절차에 대해서는 굳이 알려고 하지 않는다.

2030세대 직장인들이여, 정말로 똑똑한 은퇴준비를 하고 싶다면 경매를 어렵게 보지만 말고 누구나 쉽게 배울 수 있다고 생각하며 일단 공부를 시작하라. 다음의 경매 십계명이 그 과정에 도움이 될 것이다.

1. 경매에 대한 큰 꿈부터 가져라

경매로 은퇴준비를 하고 싶다면 경매에 대한 막연한 소망이 아닌 큰 꿈을 가져라. 그리고 그 꿈에 몰입하며 실행하라. 경매에 대한 큰 꿈이 없는 사람은 절대로 성공할 수 없다. 종잣돈이 부족하다고 어린아이처럼 징징대지 말라. 종잣돈이 충분하지 못해도 큰 꿈을 가진 사람들은 어떻게든 전략과 해결책을 찾는다. 그리고 그 꿈을 원동력 삼아 경매에 대한 공부와 투자를 실행에 옮겨 은퇴부자가 될 수 있다.

2. 매수자 입장에서만 생각하라

경매는 오로지 매수자 입장에서만 생각하라. 아무리 강한 군대라 해도 아프고 약한 부분이 있기 마련이다. 이곳을 찾아 공격하면 전쟁에서 승리할 수 있다. 이것저것 다 알려고 하지 않아도 된다. 경매의 에너지가 분산되지 않도록 한 곳으로 집중시켜라.

3. 경매에 대한 두려움을 버려라

경매에 대한 막연한 두려움을 버려라. 예를 들어 세입자의 두려움, 유치권의 두려움, 법정지상권의 두려움 등에 끌려다니지 말라. 대부분의 권리들은 과장 또는 허위인 것들이 많다. 경매로 은퇴준비를 하려면 절대 두려워하거나 허둥대서는 안 된다. 경매에 대한 두려움을 버려야 비로소 성공할 수 있다.

4. 절박함에 미쳐라

경매로 은퇴준비를 하기 위해서는 절박함에 미쳐야 한다. 경매에 성공하기 위해서는 절체절명의 나락으로 자기 자신을 빠뜨리는 것이 필요하다. 당연히 이는 실패가 아닌 성공을 위해서이다. 절박한 마음으로 배수진을 치지 않고 부자가 된 사람은 없다. 경매로 은퇴부자가 된 사람들은 운이 좋아서 그리 된 것이 아니다. 경매의 절박함에 미쳐 있기 때문에 가능한 것이었다. 아무리 공부를 많이 했어도 절박함이 없이는 경매에 성공할 수 없다.

5. 해적처럼 도전하라

경매로 은퇴준비를 하려면 아무리 권리관계가 복잡한 물건이라도 피하지 않아야 한다. 어렵고 복잡한 물건은 성공을 보장해주는 기회가 될 수도 있다. 이를 위해 당차게 미래를 준비하고, 기회가 오면 해적처럼 도전하라. 물론 처음부터 무리하게 큰 것을 먹으려고 달려들지는 말되, 기회가 오면 해적처럼 도전할 줄 아는 과감함이 필요하다.

6. 가격이 올라갈 때 사라

경매는 가격이 떨어질 때가 아닌, 가격이 올라갈 때 매수해야 한다. 이는 경매물건의 가격이 정해지는 시점과 매각되는 시점이 작게는 수개월에서 많게는 1년 이상 차이가 나기 때문이다. 예를 들어 경매에 붙여진 아파트(시세 4억 원)의 경우, 법원감정가격(3억 5,000만 원)이 정해지고, 7~8개월 이후에 매각기일이 정해지게 된다. 이때 시세가 1억 원 정도 떨어졌다면 매매시세는 3억 원 정도가 된다. 경매로 사는 것보다 시장에서 매입하는 것이 싸다. 반면 매각기일 시점에 아파트 가격이 1억 원 정도 올랐다면 1차에 낙찰을 받아도 1억 5,000만 원 정도의 자본수익을 올릴 수 있다.

7. 먼저 미래가치를 따져라

경매에 성공하기 위해서는 권리분석도 중요하다. 그러나 권리분석만 잘해가지고는 경매에 성공할 수 없다. 설령 미래가치가 충분한 물건을 낙찰받았어도 시장이 죽어 있으면 처분할 수 없다. 하물며 부동산에 미래가치가 없다면 시장이 아무리 좋아도 처분할 수가 없다. 경매로 은퇴준비를 하려면 권리분석보다 미래가치를 먼저 따져라.

8. 경제성의 원칙을 따져라

경매로 은퇴준비를 하려면 눈에 보이지 않는 비용까지 감안해야 한다. 예를 들어 유치권 부담금액, 명도소송 비용, 시간적·정신적 비용까지 계산해야 한다. 여기에 유치권 해결이 장기화될 경우, 임대수익 감소에 따른 기회손실까지도 포함해야 한다. 이렇게 경매의 겉부터 속까지 경제성의 원칙을 꼼꼼히 따져봐야 한다.

9. 현장에서 답을 구하라

경매로 은퇴준비를 하고 싶다면 성공의 답을 현장에서 찾아라. 아무리 미래가치가 있고 권리분석이 완벽한 물건이라 해도 현장을 확인하지 않고 경매에 덤벼들어서는 곤란하다. 경매의 성공은 따뜻한 감성으로 하는 것이 아니다. 차가운 이성으로 현장에서 답을 구한 경우에만 성공할 수 있는 것이다.

10. 처음부터 치밀하게 계획을 짜라

경매로 은퇴준비를 하고 싶다면, 처음부터 마지막 순간까지의 목표와 계획을 치밀하게 세워라. 그러면 무리하게 경매에 덤벼들어 손해를 볼 위험이 줄어든다. 명심하라. 처음부터 경매가 끝나는 마지막 순간까지 철저한 계획을 짜야 한다.

30대 직장인들이여, 자기 자신을 모질게 훈련시켜라. 그리고 자신에게 아낌없이 투자하라. 그 노력의 대가가 30대에 곧바로 나오지 않을 수도 있다. 하지만 분명한 것은 포기하지 않고 꾸준히 실행한다면 40대부터는 그 열매를 조금씩 수확할 수 있다는 것이다.

30대 직장인에게 가장 추천하고 싶은 자기계발 방법은 경매 공부이다. 그것이 은퇴준비를 하루라도 빨리 시작할 수 있는 지름길이다. 경매가 어렵다고 생각하지 말라. 물어보고 또 물어 가며 배워라. 은퇴부자가 되고 싶다면 경매의 달인이 되어야 한다는 것을 명심하자.

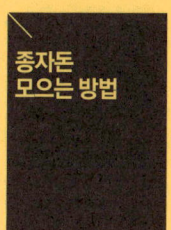

종자돈 모으는 방법

첫째, 주택구입을 위한 준비를 하라.
'주택청약종합저축'은 재산 형성에 반드시 필요하다. 첫째, 금리가 1년짜리 정기예금 금리보다 0.5% 정도 높다. 둘째, 예치금액에 따라 국민주택을 비롯해 민영주택 또는 민간건설중형국민주택을 분양받기 위해서 반드시 필요한 저축이다. 셋째, 무주택 세대주의 경우에는 소득공제 혜택까지 받을 수 있다. 따라서 청약통장은 은퇴준비를 위해서는 매우 중요한 저축 수단이다. 가입대상은 국민이면 누구나 가능하다. 매월 2만 원에서 50만 원까지 저축할 수 있다.

둘째, 중장기 계획으로 목돈 마련하라.
'재형저축'은 정부에서 저축률을 올리고자 만든 말 그대로 '재산 형성' 저축이다. 새내기 직장인들의 가장 좋은 종자돈 마련 방법이라고 할 수 있다. 재형저축의 매력은 이자소득에 대한 절세에 있다. 가입기간은 7년이며, 저축할 수 있는 금액은 분기당 300만 원까지 가능하다. 여기에 이자소득세(14%)가 면제된다. 저축기간은 다소 길지만 꾸준히 저축하게 되면 최고의 절세효과를 볼 수 있다. 장기계획에 의한 목돈 마련을 위해 필요한 저축이다. 가입대상은 급여소득자는 연소득 5,000만 원 이하, 개인사업자는 연소득 3,500만 원 이하 소득자이다.

'월복리적금'은 복리로 운영되는 3년짜리 적금이다. 예를 들어 매월 30만 원씩 36개월을 납입하고 만기해약하는 이자를 비교해 보자. 복리인 경우 이자가 497,531원이 나온다. 반면 단리의 경우에는 482,184원이 나온다. 단리보다 복리가 15,347원의 이자를 더 받는 것이다. 저축할 수 있는 금액은 분기별 1백만 원까지이며, 이자소득에 대한 세금우대혜택을 받을 수 있다. 이 적금은 스마트폰을 이용해 신규하는 경우에는 0.5% 정도 금리를 더 받을 수 있다(신한은행 기준).

셋째, 투자상품은 30% 미만으로 운영하라.
일반적으로 펀드라는 투자상품으로 종자돈을 마련하기 위해서는 위험성을 감안해야 한다. 하지만 원금 손실이 발생할 수 있어도 물가상승률의 위험을 해결하고, 좀 더 나은 수익률을 보장받기 위해서 일부 자산을 운영해 볼 필요가 있다. 단, 30% 미만으로 운영하는 것이 바람직하다.

은퇴 여유 있는 2030세대, 땅으로 눈 돌려라

땅 부자인 D씨(35세).

그는 친구들로부터 땅 부자 소리를 듣고 있다. 하지만 그도 아침에 출근해 팀원들과 회의하고 영업을 독려하며 하루를 보내는 평범한 회사원이다. 주말엔 아내와 함께 등산하는 것이 유일한 취미다. 이렇듯 평범한 회사원이던 그가 땅 부자가 된 비결은 부동산에 대한 그칠 줄 모르는 관심과 실행이었다.

D씨도 처음엔 땅으로 돈을 벌 수 있다는 생각은 한 번도 해 본 적이 없다. 그런데 가족모임에 나갔다가 사촌 형님이 경매로 사 놓았던 땅으로 꽤 많은 돈을 벌었다는 얘기를 들었다. 그간 세상물정 모르는 월급쟁이로만 살아온 D씨, 갑자기 부동산에 대한 호기심이 발동하기 시작했다. 그때부터 바로 경매 공부에 착수했다. 백지상태

였기에 무엇부터 어떻게 공부해야 할지를 몰라 부작정 부동산 서적들만 탐독했다. 주말엔 등산 대신 경매 강좌를 쫓아다녔다. 그렇게 그는 경매에 대해 조금씩 눈을 뜨기 시작했다. 땅에 대한 미래가치에 대해서도 이론상으로는 웬만큼은 알 것 같았다. 하지만 막상 실전투자에 나서려고 보니 자신이 없었다. 땅에 투자를 해 봤다는 지인들에게 물어보아도 명쾌한 답변을 들을 수가 없었다. 다만 현장 확인을 꼭 해 봐야 한다는 조언은 들을 수 있었다. 그런데 그 얘기마저도 막막하게만 들렸다. 현장에 가서 대체 뭘 확인하라는 것인지 어느 누구도 속 시원히 얘기해 주지 않았기 때문이다. 그런 치열한 고민과 공부의 시간이 18개월 정도 흘렀다. 이제는 D씨도 실전투자를 해 보고 싶어졌다. 설령 실패한다 해도 부딪쳐보고 싶었다. 그래서 경매로 땅에 투자하기로 결심했다.

2010년 가을, D씨는 드디어 경기도 이천에 경매로 나온 땅(전 328㎡, 1차 법원감정가 4,800만 원)이 4차(1,966만 원)까지 유찰된 것을 발견했다. 무턱대고 현장도 찾아가 봤다. 그런데 현장에 가 보니 추수가 끝난 황한 밭이었다. 땅은 반듯해 보였고 길도 있었다. 권리관계도 복잡하지 않았다. 가압류만 6건이 붙어 있을 뿐 별다른 특이사항이 없었다. 모두 경매로 소멸되는 권리들이었다. 결국 D씨는 5차 입찰에서 단독으로 참여해 낙찰(2,100만 원)받는 데 성공했다. 그런데 단독으로 경매에 참여한 것이 좀 이상하게 생각되었다. 혹시 땅에 투자가치가 없기 때문에 아무도 경매에 참여하지 않은 것은 아닌지 걱정이 되었다. 그는 제대로 투자한 것인지, 땅에 대한 미래가치가 궁금해지기 시작했다.

D씨는 소유권이전을 마치고 난 이후 자문을 구해 왔다. 결론부터 얘기하면 그 땅은 미래가치가 충분히 있었다. D씨의 첫 번째 경매 투자는 성공이었다. 땅의 용도지역은 계획관리지역이었고, 특별한 규제사항은 없었다. 이렇게 미래가치가 있는 땅임에도 불구하고 어느 누구도 거들떠보지 않았던 것은 지분매각이었기 때문이다. 지분매각의 경우에는 공유지분자가 '우선매수권'을 행사할 수 있기 때문에 투자자들 사이에서는 기피물건으로 간주되고 있다.

D씨는 그렇게 난생처음 경매로 땅을 산 후에도 공부를 계속했다. 주로 주말은 지방에 내려가 등산 대신 걷기 운동을 하면서 땅을 보러 다녔다. 지방으로 땅을 보러 가는 경우에는 중개업소가 있는 읍내까지 찾아가 지역 시세를 확인하는 것이 필수코스였다.

이렇게 땅에 미쳐 가기 시작할 때쯤 경매로 산 땅의 공유지분자로부터 연락이 왔다. 그 땅을 사겠다는 것이었다. 사연인즉, 선친으로부터 형제들이 공동으로 땅을 상속받았는데 동생의 땅 지분만 사업이 부도나는 바람에 경매를 당했다는 것이다. 시세(5,000만 원 정도)에서 10% 정도를 더 줄 테니 팔아달라고 간청했다.

D씨는 5,500만 원을 받고 미련 없이 처분했다. 1년 3개월 만에 자본수익을 3,400만 원이나 올렸다. 전혀 실감이 나지 않았다. 그런데 현실이었다. 은퇴준비에 자신감이 생기기 시작했다. 이렇게 그는 매년 1건 정도씩 경매로 땅에 투자해 수도권 지역에만 5필지의 땅을 소유하고 있다. 그는 앞으로도 계속해서 소액으로 1년에 1건 정도만 경매로 땅에 투자할 생각이다. D씨는 은퇴부자가 되기 위해 실전투자를 통해 땅에 대한 자본수익을 꿰뚫어 볼 수 있는 기술을 배우고 있는 중이다.

은퇴부자가 되기 위한 가장 빠른 지름길은 아마도 땅에 대한 투자일 것이다. 물론 미래가치 있는 땅에 잘 투자를 했을 때 얘기다. 이렇게 땅은 자본수익을 극대화할 수 있는 장점을 가지고 있는 반면, 장기투자를 해야 한다는 단점도 지니고 있다. 따라서 땅으로 은퇴준비를 하는 경우에는 은퇴가 까마득하게 남아 있는 2030세대에게 적합하다.

은퇴준비를 위해 땅에 잘 투자하기 위해서는 미래가치를 철저하게 따져봐야 한다. 땅에 대한 종합적인 미래가치는 '공부公簿'를 통해 확인할 수 있다. 우선 땅에 대한 자본수익은 토지이용계획확인서를 비롯해 토지대장, 지적도(임야도), 현장방문을 통해 확인하면 된다. 여기에 위험성에 대해서도 잘 따져봐야 한다. 땅에 대한 위험성은 등기부에 공시되는 것만이 전부가 아니다. 공시되지 않는 위험한 권리(유치권, 법정지상권 등)에 대해서도 현장확인을 통해 꼼꼼하게 살펴봐야 한다.

'토지이용계획확인서'는 미래가치를 확인할 수 있는 중요한 공부이다. 용도지역을 통해 땅을 어느 정도까지 개발할 수 있는지 미래가치를 엿볼 수 있다. 반면 공법상의 제한사항이 많은 용도구역, 용도지구는 잘 살펴봐야 한다. 예를 들어 군사시설보호구역, 개발제한구역 등 땅을 이용하는 데 제한사항이 있는지 여부를 확인해야 한다.

'토지대장'이란 토지의 현황을 알려주는 서류로 토지의 소재지·지번地番·지목地目·지적地積 및 소유자의 주소·성명 등을 등록하는 공부公簿를 말한다. 지목과 면적은 등기부등본에도 나타나는데, 토지대장과의 일치여부를 확인해야 한다.

'지적도와 임야도'에는 토지의 소재를 비롯해 지번, 지목, 경계, 도곽선(지적(임야)도의 작성 기준이 되는 구획선) 및 도곽선수치, 좌표에 의하여 계산된 경계점간 거리 등을 표시한다. 지적도를 통해 확인해야 할 가장 중요한 부분은 땅의 모양이다. 땅의 모양이 직사각형인지 동그란 모양인지 확인해야 한다는 얘기다. 또 주변 땅과의 인접관계를 따져보고, 도로가 있는 땅인지 아니면 길이 없는지 확인해야 한다.

'등기부등본'은 권리에 대한 사항을 나타내는 장부다. 근저당권을 비롯하여 가압류, 처분금지가처분 등 각종 물권과 채권에 대한 사항이 나타나 있으므로 권리관계를 정확히 정리하여 거래를 해야 한다.

'현장확인'을 통해 등기부에 나타나지 않는 권리가 있는지 확인하는 것도 빼놓을 수 없다. 특히 땅에는 등기부에 나타나지 않는 유치권, 관습법상 법정지상권, 법정지상권, 특수지역권, 분묘기지권 등의 권리가 있다. 따라서 이러한 관습법상 권리가 존재하는지 현장을 방문하고 지역 주민들에게 물어봐서 확인해야 한다. 이처럼 땅은 등기부에 공시되는 권리만 확인해서는 안 된다. 현장에 나가 공시되지 않는 권리까지 확인해야 한다. 만약 공시되지 않는 권리가 있음에도 불구하고 투자를 했다면, 당연히 손해는 투자자가 감당해야 한다.

한편 현장에 나가는 경우에는 몇 가지 유의해야 할 점이 있다. 중개업소가 많이 모여 있는 곳은 이미 가격이 많이 오른 지역이다. 또한 중개업자가 보여주는 공부만 믿어서 안 되며, 공부를 확인할 수 없는 일시에는 계약을 하지 않는 것이 좋다. 그리고 무엇보다 현장은 반드시 배우자와 함께 다녀라.

요즘 아웃도어가 열풍이다. 그러나 2030세대여, 이왕 운동을 할 거라면, 땅을 보러 다니면서 운동을 하라. 은퇴준비까지 일석이조이다. 5년 동안 1년에 1건씩 소액(1,000만 원 미만) 경매로 땅에 도전해 봐라! 그리고 6년째부터는 1건씩 처분해 가면서 꾸준히 1건씩 투자해 보길 바란다.

> **현장확인 10계명**
>
> 1. 옷차림은 허름하게 하라.
> 2. 중개업소는 오래된 곳과 거래하라.
> 3. 측량을 실시하라.
> 4. 경사도가 15도 이상 되는 곳은 피하라.
> 5. 계곡이나 하천으로부터 500미터 떨어져라.
> 6. 나무의 수령이 30년 이상 되는 곳은 피하라.
> 7. 토질, 토사, 암반지역인지 확인하라.
> 8. 마을로부터 1.5Km 이내인지 확인하라.
> 9. 도로가 공로인지 사도인지 확인하라.
> 10. 땅의 모양이 길쭉한 자루형이면 피하라.

40대 은퇴준비는 선택 아닌 필수

산부인과 의사인 L씨(40세).

잠시 병원을 떠나 가정주부로서 육아에만 전념하고 있는 L씨는 지금까지 재테크에 대해서는 한 번도 관심 가져 본 적이 없다. 노후준비 등을 생각하게 된 것은 얼마 되지 않았다. 그러면서도 아파트를 가지고 재테크를 할 수 있다는 생각은 못해 봤다. 그동안 아파트를 사고판 것에 대해서도 아무런 생각이 없었다. 아파트는 직장 가까운 곳에 사면 되는 것으로만 알았다. 당연히 집값은 살다 보면 다른 아파트값 오르는 만큼 오르는 줄 알았다. 이것이 부동산에 대한 지식의 전부였다.

물론 오산이었다. 2008년, 직장 가까운 곳에 샀던 분당의 A아파트는 기대와는 달리 가격이 1억 5,000만 원 이상 떨어진 상태였다.

분당 지역의 높은 교육열과 거실의 창문 밖으로 보이는 멋진 중앙공원도 떨어지는 집값을 막아주지는 못했다. '다른 사람들은 집 사면 가격이 오른다던데, 나는 돈이 피해가나?' 하는 생각마저 들었다. 하지만 곰곰이 생각해 보니 태어나서 지금까지 부동산에 대해서는 공부해 본 적이 없었다. 무관심하고 무지했던 자신을 반성했지만, 그런 생각도 잠시뿐이었다. 공부는 무슨 공부, 바쁜 일상에 떠밀려 어느새 부동산 같은 것은 뒷전에 미뤄 두고 또 잊고 살았다.

그녀의 남편은 지난해 병원 개원을 하면서부터 부쩍 바빠졌다. 집과 병원만을 오가면서 환자들만 챙겼다. 쉴 새 없이 바쁜 일상 때문에 그렇게 좋아하는 여행조차 가기 어려운 것이 현실이었다. 월급쟁이 의사를 할 때보다 수입은 훨씬 좋아졌지만 남편이 얼마나 힘들게 벌어오는지 너무 잘 알기에 별로 신나지도 않았다.

물론 남편은 다시 태어나도 의사를 하겠다고 할 만큼 환자를 보고 수술하는 것을 좋아한다. 하지만 아무리 천직으로 여긴 일이라도 어쩔 수 없이 남편은 지쳐 갔다. 그러던 어느 날 "삶이 망가진 것 같다"는 남편의 말을 듣고 L씨는 마음이 아팠다. 며칠을 고민하고 궁리했다. 그녀에게도 힘든 시절이 있었다. 새벽 2시든 3시든 수시로 병원으로 불려나가며 의사생활에 진저리칠 때 남편 덕분에 해방되었던 것이 새삼 떠올랐다. 이젠 남편이 쉬어 가며 일할 수 있게 해주고 싶었다. 그렇게 하루라도 빨리 남편을 해방시켜 주기 위해 서둘러 은퇴준비를 하기로 결정했다. 남편은 오지를 찾아 그 곳의 향기에 취해 보는 것, 그리고 그 향기를 책으로 내는 것이 언젠가의 꿈이라고 했다. 그녀는 남편의 꿈을 꼭 이뤄주고 싶었다.

그녀는 '자산관리 멘토스쿨'에 다니기 전에는 그저 급한 마음에 어떤 것이든 투자를 해야 할 것만 같았다고 했다. 그런데 차근차근 공부를 하면서부터 급히 서두르기보다 빈틈없이 준비하는 것이 중요하다는 것을 알았다. 그녀는 은퇴준비를 위해 집을 옮길 계획을 세웠다. 그 다음 부지런히 종잣돈을 더 모아 수익성 부동산에도 투자할 계획을 세워 뒀다.

그녀는 강의를 듣고 토론을 하면서 아이패드만 보고도 좋은 땅인지 아닌지 척척 얘기하는 멘토의 모습에 좌절했다. 저런 경지도 안 되면서 뭘 사겠다고 섣불리 나섰는지 자신이 한심했다. 이렇게 배워야겠다는 의지를 불태우다 보니 어느새 1년이 지났다. 이제는 부동산에 눈을 좀 떴다는 생각이 들었다. 그녀는 당초에 세워 둔 첫 번째 계획을 실행하기로 했다.

2012년, 나름대로 이것저것 고려하여 대치동의 M아파트를 마음에 두고 있었는데, 결과적으로는 멘토의 자문에 따라 반포에 있는 A아파트에 투자했다. 어느 정도 알은체는 할 수 있는 수준이라고 생각했는데, 아파트의 미래가치에 대해서는 거의 무개념 수준이었다. 투자했던 아파트의 현재 가격은 2억 원 이상 오른 상태다. 아직 멀었지만 은퇴준비의 첫걸음마가 성공적이어서 뿌듯하다.

L씨는 또다시 수익성 상가에 도전장을 낼 준비를 하고 있다. 그래서 더 치밀한 계획을 세워 종잣돈 모으기에 박차를 가하고 있다. 우선 합리적인 소비습관을 통해 종잣돈 마련에 더 속도를 내기로 했다. 지금까지의 생활비 지출형태를 살펴보고 불필요한 요소를 과감히 줄여 나갔다. 예를 들어 음식 재료의 경우, 2주일 한 번씩 장을 봐 냉장고에 쌓아 보니 거의 1/3은 버리게 된다는 사실을 알았다. 그래서 시장에 가는 횟수를 늘려 음식재료 과다 구입으로 인한 낭비를 줄였다. 또한 유행에 민감해 한두 번 사용하고 6개월 이상 방치되는 생활용품의 구매는 지양해 나갔다. 이렇게 그녀는 소비습관을 고쳐 나감으로써 종전보다 15% 정도 더 저축액을 늘려 지금은 소득의 60%까지 저축하며 종잣돈을 모으고 있다.

아직 수익성 상가에 대해서는 거의 무지하다. 그러나 지금까지 살아오면서 꿈을 향한 노력에 배반 당해 본 적은 없다. 이 때문에 종잣돈을 모아 가며 상가투자를 위해 공부하고 있는 것이다. 그녀는 꿈이 현실이 되는 날 남편과 함께 과감하게 떠날 것이다. 오지로! 그녀는 절대 무거운 것 안 든다. 웬만한 급한 일이 아니면 뛰지도 않는다. 왜냐하면 10년 후 남편의 손을 잡고 오지를 여행하려면 무릎과 허리를 아껴야 하니까 말이다.

은퇴준비, 40대 이상들이나 하는 거라고 생각하는가? 천만에! 일찍 시작할수록 유리하다! 당연하다. 은퇴부자가 되는 사람들은 출발 시점을 따로 정해 놓고 은퇴준비를 시작하지 않는다. 은퇴준비는 일찍 시작할수록 행복을 더 많이 즐길 수 있다. 그렇기 때문에 하루라도 빨리 시작하는 것이 진리다.

그 과정에 지출관리는 필수다. 대부분 소득이 많아지면 지출도 늘어난다. 하지만 소득과 연동시켜 지출을 늘리는 것은 지양해야 한다. 합리적인 소비습관을 들이는 것의 중요성은 아무리 강조해도 지나치지 않다. 소비습관을 고쳐 지출의 규모를 줄이는 것이 종잣돈 만들기의 가장 밑거름이 되기 때문이다.

'무용지유용無用之有用', 즉 '쓸모없는 것이 가장 쓸모 있는 것이다'는 말은 《장자莊子》에 나오는 얘기다. 과소비는 은퇴부자가 되는 것을 지연시키는 장애물이다. 당신도 은퇴부자가 되려면 일상의 소비행태를 되돌아봐라! 그리고 쓸모없이 버려지는 것에서 가장 필요한 것, 지출을 줄일 수 있는 것들을 찾아내라!

40대의 은퇴준비는 선택이 아니라 필수이다. 만약 40대에도 은퇴준비에 대해 무관심으로 일관하고 있다면, 은퇴 뒤에 찾아올 사회적 질병에 시달리게 될 것이다. 즉, 창업으로 인한 실패를 비롯해 퇴직금은 만져 보지도 못한 채 금융사기를 당할 가능성이 높다. 여기에 결혼할 때까지 자식들 뒷바라지와 중대한 질병으로 인한 위험, 피하고 싶은 황혼 이혼까지 도사리고 있다. 이러한 은퇴위험에서 벗어나기 위해서는 첫째도 둘째도 은퇴준비를 철저히 해 놓는 수밖에 없다. 명심하라! 사회적 질병에 대비할 수 있는 백신은 단 한 가지뿐이다. 지금 당장 은퇴준비에 착수하라.

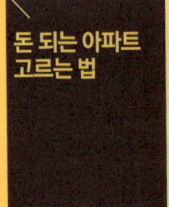
돈 되는 아파트 고르는 법

1. 세대수가 2,000가구 이상 되며, 소형·중형·대형 평수가 다양하게 있는 단지를 선택하라.
2. 초·중·고등학교를 비롯해 사교육 시스템이 잘 갖춰진, 교육환경이 좋은 지역을 선택하라.
3. 백화점, 대형마트, 종합병원 등의 편의시설이 우수한 지역을 선택하라.
4. 한강둔치, 양재천, 올림픽공원 등 자연환경이 좋은 지역을 선택하라.
5. 지하철에서 5분 거리에 있는 교통환경이 좋은 곳을 선택하라.

하우스푸어, 머뭇거리지 말고 부채부터 줄여라

재래시장에서 자영업을 하고 있는 S씨(52세).

그는 내 집 마련을 위해 2004년부터 여러 차례 청약을 넣었으나 결과는 번번이 떨어졌다. 하루가 다르게 올라가는 아파트 가격을 지켜보고 있자니 답답하기만 하였다. 그러던 중 시장금리가 하향안정추세를 보이고 있어, 청약을 포기하고 대출을 끼고 아파트를 장만하기로 했다.

2006년, 그는 드디어 경기도 용인시 죽전에 H아파트($84.99m^2$, 매입가격 5억 1,000만 원)를 대출금(2억 1,000만 원)을 끼고 매입했다. 당시 매입 후 8개월 만에 가격이 6,000만 원까지 올랐었다. 그는 아파트 가격이 올라가자 욕심을 부리기 시작했다. 아파트 투자로 은퇴준비를 알차게 해 볼 생각이었다. 2009년, 김포 한강신도시에

P아파트(101.87㎡, 투자금액 3억 8,000만 원)에 또 투자했다. 이 과정에서 투자금액은 전세와 대출금(2억 원)으로 조달하고, 처갓집에서도 6,000만 원을 빌려 잔금을 치렀다. 당분간 전세를 놓다가 가격이 오르면 처분할 계획이었다. 그런데 시장 상황은 S씨의 바람대로 움직이지 않았다. 부동산 시장이 죽어 가며 급기야 죽전의 아파트는 1억 원까지 떨어지고 말았다. 다행히도 한강신도시의 아파트는 전세 가격이 상승한 덕분에 시세가 떨어지지는 않았다.

그는 월평균 350만 원 정도의 수입금액에서 매월 30%는 저축을 해오고 있었다. 하지만 아무리 현재의 금리가 저금리라 해도 4억 1,000만 원의 대출 이자로 매월 153만 원(4.5% 적용)씩이나 지출하고 있었다. 물론 집 사기 전에 모아 두었던 예금도 몽땅 부동산 투자에 들어갔다.

그가 연간 5%씩 대출을 갚아 나간다고 하면 매월 원리금으로 320만 원을 부담해야 한다. 대출원금 상환이야 어차피 갚아야 할 돈 미리 갚는다는 의미가 있어 긍정적이다. 하지만 생활비조차 빠듯한 실정이며 매출이 줄어들기라도 하면 대출이자 내기도 힘겨운 상황에 처하고 말았다.

S씨는 전형적인 하우스푸어가 된 것이다. 그리고 아니다 다를까, 지난달에는 이자를 연체시키고 말았다. 최근 들어 경기가 바닥을 찍고 회복세로 돌아섰다는 전망이 앞서면서 그는 시장금리가 오를

까봐 불안하기만 하다. 현재로써는 금리가 1%만 올라도 뚜렷한 대책이 없기 때문이다.

S씨는 내 집 마련에 만족하지 못하고 무리하게 대출을 받아 추가로 아파트에 투자한 것이 실패의 주원인이었다. 한때는 내 집 마련에 성공한 듯보였다. 하지만 지금은 부동산 투자에 대한 과욕 때문에 가정 경제가 심하게 위협받고 있는 실정이다.

그는 밤잠을 설치는 날이 많았다. 대학은 안 나왔어도 시장통에서 열심히 성실하게 살았는데, 한순간의 실패로 가슴이 찢어지는 아픔을 경험하고 있었다. S씨만 쳐디보고 있는 처자식들을 생각하면 주르륵 눈물이 흐르곤 했다. S씨에게 은퇴준비는 그 자체가 사치나 다름없었다.

그는 어렵게 자문을 받기 위해 나를 찾아왔다. 곤궁에 처한 상황에서 벗어나기 위해서였다.

S씨가 위기에서 벗어나기 위해서는 신속하게 한강신도시에 전세를 놓고 있는 아파트를 처분해야 한다. 몇 천만 원 싸게 파는 일이 있더라도 반드시 처분해야 한다. 그래야 대출금 2억 원 정도를 상환할 수 있기 때문이다. 그 다음 죽전에 살고 있는 아파트는 주택연금 사전가입제도를 이용해야 한다. 지금 주택금융공사에서 주택연금(역모기지) 사전가입제도를 시행 중에 있다. 과다한 주택담보대

출금으로 고통받고 있고, 아파트가 팔리지 않는 사람들에게 적격이다. 가입연령은 50세부터이며 사전가입 주택연금은 연금지급 한도의 100%를 일시 인출해 기존 주택담보대출을 상환할 수 있다. 여기에 대출금을 상환한 후에도 그 집에서 평생 거주할 수 있다. 주택연금 잔액이 있으면 60세 이후 연금으로도 받을 수 있다. 예를 들어 3억 원의 주택을 보유하고 있으면 8,500만 원, 6억 원인 경우에는 1억 7,100만 원을 일시불로 받아 기존 대출금을 갚을 수 있다.

현재 S씨의 아파트 시세(4억 원)를 감안하면 대략 1억 2,000만 원의 사전 주택연금을 받아 대출금을 상환할 수가 있다. 그렇게 된다면 S씨의 대출금은 최대 9,000만 원까지 줄어들어 대출이자도 33만 원 정도로 줄어든다. 지금까지 대출이자를 감안하면 매월 120만 원의 비용을 줄일 수 있는 것이다.

S씨에게 진정한 은퇴준비의 시작은 어서 빨리 하우스푸어에서 벗어나는 것이다. 그래야 대출이자를 감당하면서도 또다시 희망의 종잣돈을 마련할 수 있기 때문이다. 여기에 부동산 시장 상황이 활성화되어 아파트 가격이 상승할 수 있는 것도 기대해 볼 수 있다.

영화 〈빠삐용〉에서 살인죄의 누명을 쓴 빠삐용은 도저히 사람이 살 수 없는 참혹하고 무서운 감옥에서 인간 이하의 취급을 받는다. 하지만 결코 인간으로서의 고귀한 생명을 포기하지 않고, 끊임없이 자유를 갈망하며 탈출을 시도한다. 몇 번의 실패를 거듭한 뒤 드디어 탈출에 성공하여 남아메리카에 표착, 자유인으로 여생을 보낸다.

시절을 잘 못 만나 내 집 마련을 한 경우라면 하우스푸어가 될 확률이 높다. 그런데 은퇴준비도 포기한 채, 하우스푸어를 팔자소관 타령으로만 비관하며 방치해서는 안 된다. 하우스푸어에서 벗어나기 위해서는 빠삐용이 자유에로의 탈출에 성공했듯이, 은퇴부자를 갈망하며 탈출에 성공해야 한다. 분명한 것은 하우스푸어에서 벗어나려고 하는 사람에게만 길이 열린다는 것이다. 아깝다고 생각하지 말라. 머뭇거리지도 말라. 지금 당장 당신의 자산과 부채를 상계하라! 하우스푸어에서 탈출할 수 있는 길이 열릴 것이다.

5060세대 은퇴자, 귀중한 퇴직금 앉아서 까먹지 말라

대전에 사는 R씨(58세).

그는 30년 동안 해외를 오가며 돈을 벌었다. 그런데 돈만 벌었지, 바쁘다는 핑계로 돈 관리는 못하고 있었다. 그냥 은행의 정기예금에 넣어 두는 수준이었다. 하지만 은퇴에 대한 생각이 구체적으로 되면서 조그만 수익성 상가에 마음이 끌렸다.

그는 아무것도 모르면서 2011년에 대전 소재의 상가(75㎡)에 3억 2,000만 원에 투자했다. 겉으로 보기에는 조건이 매우 좋았다. 임대가 나가지 않을 경우에는 시행하는 회사에서 5년 동안 연 7%의 수익률을 보장해 준다고 했다. 당연히 철석같이 믿었다. 소유권이전등기를 마치고 분식집을 하는 사람에게 임대(임대보증금 3,000만 원, 월세 140만 원)를 주었다. 그런데 장사가 잘 안 된다는 이유로 8개월 만에 가게 문을 닫고 말았다. 지금까지 임차인을 구하지 못해 관리비만 내고 있다. 여기에 상가를 지었던 시행사의 부도로 연 7%의 수익률도 날아간 지 오래되었다. R씨는 해외를 오가느라 국내의 부동산 시장의 생리를 잘 몰랐기에 첫 투자에 실패했던 것이다. 이렇게 실패를 경험했음에도 불구하고 금융자산만 가지고 있는 것은 왠지 불안했다. 그래도 상가건물 하나쯤은 소유하고 싶었다.

그는 해마다 상승하는 물가를 보면서 수익성 부동산에 대한 투자를 간절히 원하고 있었다. 매년 상승하는 물가에 따라 실물자산의 가치도 올라간다고 판단했던 것이다. 반면 상대적으로 화폐가치는 떨어지고 있었으므로 현금자산 위주로만 관리하면 자산이 필연적으로 줄어들 수밖에 없을 것이라는 불안을 느꼈다. 게다가 그동안 퇴직금처럼 모아 둔 현금을 앉아서 축낼 수는 없었기에 더욱더 상가투자에 절실했다. 특히 은퇴 후에는 수익성 부동산이 최고라는 사실에 변함없는 애정을 가지고 있었다.

R씨는 상가에 제대로 투자하기 위해서 50세가 넘은 늦은 나이에 아내와 함께 공부를 시작했다. 이렇게 공부를 해 가면서 상가투자에 대한 감을 잡기 시작했고, 상가투자의 핵심은 움직이지 않는 상권에 투자해야 한다는 사실을 알았다. 동시에 그는 상권을 두루 찾아다니며 공부를 계속했다. 좋은 상가가 나왔다면 서울을 비롯해 부산까지 전국 어디든지 쫓아다녔다.

2013년, 그는 서울 신대방동에 있는 상가를 마음에 두고 현장을 아침저녁으로 수십 번도 더 가 봤다. 상가는 스타벅스가 입점해 있어 장사는 잘 되는 편이었다. 특히 상가 주변에 공원이 가까이 있어 주말이나 공휴일이 장사가 더 잘 되는 것을 보았다.

결국 그는 오피스 1층 상가(투자금액 30억 원)를 대출금 10억 원을 끼고 투자했다. 지난번에 실패한 경험이 큰 도움이 되었다. 상가에 투자해 놓고 보니, 건물을 관리할 것도 수리할 것도 없었다. 매월 꼬박꼬박 1,150만 원의 임대료가 통장에 찍히고 있다. 대출금을 감안하지 않고도 연 5.1%의 수익률을 올리고 있다. 사실 그는 2년 뒤에 임대차기간이 끝나면 200만 원 정도 임대료를 올려도 무난한 상가라고 판단하고 투자했다. 이렇게 미래의 임대료가 자연스럽게 상승하게 되면 자본수익도 올라가게 되므로 좋은 선택이었다고 할 수 있다.

이처럼 은퇴부자들이 되는 사람들은 상가건물에 투자하는 것을 선호한다. 이들은 당장의 높은 임대수익률에 연연하지 않는다. 분명한 것은 미래가치, 즉 자본수익에 투자하는 것이다. 현재의 임대수익률이 높다고 해서 무작정 투자하지 않는다. 아직 활성화가 되지 않은 상권에 있는 상가라 해도 미래가치가 있다면 투자하는 것이다. 또한 투자하는 초기에 건물의 수리비용이 많이 들어가도 미래가치가 보이면 투자를 결정한다.

　반면 은퇴부자가 되지 못하는 사람들은 미래가치, 즉 자본수익보다는 임대수익률만 쳐다보는 경향이 있다. 당장의 임대수익률에만 관심을 갖다 보니 현재의 상권이나 미래의 상권에는 관심조차 없다.

　상가건물에 대한 투자는 다음과 같이 상권과 돈에 각별히 유의해야 한다.

❝ 기존의 변하지 않는 상권을 선택하라 ❞

　상가는 상권의 활성화 여부에 따라 임대수익과 자본수익이 달라질 수 있다. 그렇기 때문에 주변에 대형 백화점이나 마트가 들어와도 상가건물에 영향을 주지 않는 상권이 좋다. 기존 상권으로는 오피스 상권과 대학가 상권 등이 대표적이다. 그러나 소규모의 자본으로 상가에 투자할 경우에는 성장가능성이 많은 신도시 상권도 고려해 볼 만하다.

❝ 자금계획을 충분히 세워야 한다 ❞

　시장이 불확실한 때에는 여유자금을 가지고 투자를 하는 것이 원칙이다. DTI가 적용되지 않는 상가라고 해서 왕창 대출을 끼고 투자하는 것은 지양해야 한다. 다만 대출이자를 감안하고도 임대수익률이 4~5% 정도 되면 투자를 고려해 볼 만하다. 특히 근린상가(중·소형빌딩)의 경우에는 수십 억 원의 돈이 들어가는 만큼 투자자금뿐 아니라 각종 세금과 수수료, 수리비까지 고려해야 한다.

은퇴부자가 되는 사람들이 상가에 투자하는 것은 단순히 임대수익과 자본수익만을 노리는 것은 아니다. 현금의 화폐가치 하락에 따른 위험을 분산시키기 위해 상가건물에 대한 투자의 매력이 절실해지는 것이다.

《주역周易》에 '독립불구獨立不懼'라는 말이 나온다. 홀로 우뚝 서서 두려워하지 말라는 얘기다. 아무리 큰 위기에 봉착해 설령 기둥이 흔들린다 해도 주저하지 말고 가던 길을 계속 가면 이익이 있다는 것이다. 그렇다. 은퇴부자가 되는 사람들은 한두 번의 실패에 주저앉지 않는다. 그들은 실패는 성공을 위한 영광의 상처라고 생각하기 때문이다. 설사 실패로 인해 기둥이 흔들렸다 해도 어떠한 두려움도 갖지 않는다. 또다시 주변을 살펴보고 가던 길을 계속 가는 습성을 가지고 있다. 그러나 은퇴부자가 못 되는 사람들은 한두 번의 실패에 맥없이 주저앉고 만다. 두려움에 벌벌 떨며 가던 길을 멈춰버린다.

정말로 은퇴부자가 되고 싶다면 실패와 좌절에도 끄떡없이 오히려 더욱 철저하게 준비하여 만회하는 자세가 필요하다. 5060세대여, 퇴직금을 까먹지만 말고 당신도 수익성 부동산으로 은퇴부자가 될 수 있다고 믿어라!

골드미스, 똘똘한 집 한 채로 은퇴준비 끝

S기업에 다니는 골드미스 D씨(37세).

벌써 대학을 졸업하고 사회생활을 시작한 지 13년이 되었다. 그녀는 전남의 한 시골에서 무남독녀 외동딸로 태어났다. 시골에서 공부를 참 잘했다. 고등학교 1학년 담임선생님은 늘 서울에 있는 좋은 대학에 충분히 진학할 수 있다고 칭찬해 주셨다. 그런데 고등학교 2학년 새 학기가 시작될 무렵 갑작스러운 부친의 사망으로 집안 형편이 끝도 없이 추락했다. 간신히 어머니가 행상을 꾸려 가며 학비를 마련한 덕분에 지방의 국립대학을 졸업할 수 있었다. 대학을 졸업하자마자 다행히 서울에 있는 S기업에 취직이 됐다. 운도 좋았지만, 한눈팔지 않고 열심히 공부한 결과였다.

D씨는 취직 후에는 바쁘다는 핑계로 시골집에 자주 못 내려갔다.

하지만 직장생활을 시작한 첫해부터 시골에 홀로 계신 어머니에게 매월 50만 원 정도의 생활비를 보내 드렸다. 그녀는 평소 아무것도 준비한 것 없이 은퇴생활을 하고 있는 어머니를 지켜보면서 자신의 노후에 대한 불안감을 절실하게 느끼고 있었다. 그러던 그녀가 지난 2008년 설 명절에 시골집에 다녀온 뒤부터 생활 패턴을 확 바꾸었다. 아무런 준비 없이 궁핍하게 은퇴생활을 하고 있는 어머니처럼 되지 않기 위해서 인생계획을 다시 세운 것이다.

이렇게 결심하기 전까지는 사실 그녀도 평범한 싱글 여성이었다. 지금껏 누구의 간섭도 받지 않고 살았었다. 휴가철이면 해외여행도 자유롭게 다녔다. 보너스를 받으면 명품백은 물론이고 최신 유행하는 옷도 마음껏 사 입었다. 결혼한 친구들이 생활비를 줄여 가며 내 집 마련에 대한 의지를 불태워도 마음에 와 닿지 않았었다. 그런 그녀에게 은퇴준비는 당연히 한 번도 생각해 본 적 없는 일이었다. 저축보다 소비를 즐기며 생활하던 철없는 시절이었다.

하지만 은퇴준비에 대한 강한 동기부여 이후로는 가장 먼저 소비생활부터 과감히 청산했다. 그리고 은퇴준비의 첫 목표를 연금이나 보험에 가입하는 것이 아닌, 하루빨리 집 장만하는 것으로 세웠다. 막연하게 '결혼하면 배우자가 집 장만은 해 오겠지' 하는 생각은 버렸다. 이유는 간단했다. 현재의 안정된 주거생활이 은퇴준비의 시작이라는 것을 알았으며, 집 장만을 해 두면, 주택연금으로도 활용할 수 있기 때문이었다.

그녀는 우선 생활비부터 줄여 나갔다. 내 집 마련에 도움이 된다면 한 푼이라도 줄이기 위해 총력을 기울였다. 소비의 최대 구멍이었던 해외여행도 줄였다. 하루 15,000원을 아끼기 위해 하루에 두세 잔을 꼭 즐겨 먹었던 브랜드 커피도 끊었다. 출퇴근 시에 10분 거리의 전철역까지 걸어 다니기가 싫어서 택시를 이용하던 습관도 고쳤다.

그녀는 틈틈이 부동산을 공부하기 시작했다. 그러면서 나에게 은퇴준비에 대한 자문을 구해 왔다. 결국 그녀는 2012년 겨울, 개포동에 재건축 A아파트(25.27㎡)를 3억 9,000만 원(전세보증금 5,000만 원)에 장만했다. 재건축을 하는 경우 1억 5,000만 원(26평형 기준) 정도의 추가부담금을 예상해도 2억 원 정도의 자본수익을 예상하고 있다. 그녀는 이제 노후가 두렵지 않다. 똘똘한 집 한 채 장만으로 행복한 은퇴생활을 위한 준비를 마쳤기 때문이다. 그녀는 주택연금에 가입할 준비는 확실히 해 둔 셈이다.

은퇴부자는 처음부터 저절로 되는 것도 아니고, 어느 순간 한 방에 이뤄지는 것도 아니다. 사회생활을 시작하는 그 순간부터 조금씩 준비해 나가야 한다. 수입의 대부분을 저축보다 소비로 지출하게 되면 은퇴준비는 물론이고 내 집 마련조차 할 수 없게 된다. 행복한 은퇴생활은 구호로만 얻어지는 것이 아니다. 나이가 들수록 행복을 뒷받침해줄 수 있는 경제력이 따라붙어야 한다.

흔히 사람들은 은퇴준비에 대한 얘기만 나오면 이런저런 핑계를 대기 일쑤다. 지금 먹고살기도 빠듯한데 미래의 은퇴까지 생각할 여유도 돈도 없다고 말한다. 하지만 은퇴준비는 거창하거나 요란스럽게 시작하는 것이 아니다. 또한 경제적인 풍요로움 속에서만 가능한 것도 아니다. 화전민이 돌 산을 조금씩 개간하여 비옥한 옥토를 만드는 것처럼, 현재의 생활 속에서 줄이고 조이고 아끼면서 은퇴준비를 꾸준히 해 나가는 것이다. 당신도 지금 당장 도전해 보라. 더 이상 미루지 말자. 그리고 다음과 같은 세 가지 조언을 잊지 말길 바란다.

〞큰 꿈을 가져라〞

은퇴준비! 쉽게 거저 얻으려는 생각은 버려라. 단순한 사고도 멀리 밀어 두어라. 은퇴준비는 목돈을 모아 몇 년 뒤에 여행을 가는 것처럼 단순한 계획을 세우는 것이 아니다. '은퇴 뒤에는 강남에 있는 수익성 상가에서 매월 2,000만 원 이상의 월세를 받을 것이다' 하는 그런 꿈과 목표가 서야 한다. 남들이 보기에는 허황되고 실현 가능성이 전혀 없는 것처럼 보일 수도 있다. 그러나 큰 꿈을 가진 사람은 분명 그 꿈을 이루기 위해 최선의 삶을 살 것이다. 500년 전 세종대왕의 꿈은 우리의 글을 만드는 것이었다. 이때 대다수의 사대부들이 이를 반대하며 비아냥거렸다. 지금 우리는 자랑스럽게 한글을 사용하고 있다. 미국의 마틴 루터 킹 목사의 꿈은 '백인들과 함께 같은 버스를 타고, 같은 교회와 같은 학교에 다니며, 같은 식당에서 밥을 먹는 것'이었다. 지금 미국의 대통령은 버락 오바마이다. 이처럼 큰 꿈을 가지고 실천하는 사람들은 반드시 꿈을 이루고야 만다.

❝ 금융자산에만 치우치지 말라 ❞

일반적으로 은퇴준비를 하는 사람들은 연금이나 보험만 생각한다. 그러나 은퇴준비를 반드시 금융자산으로만 해야 하는 것은 결코 아니다. 물론 금융자산은 환가성이 좋다. 여기에 관리비용도 전혀 들어가지 않는다. 반면 실물자산인 부동산은 환가성이 떨어진다. 또한 관리비용도 들어간다. 그러나 저금리 시대에 이자소득에만 의존해서 은퇴생활을 감당하기에는 위험이 너무 크다. 또한 물가상승률에 따른 화폐가치의 하락을 감안해 보면 실물자산을 제대로 들여다볼 필요가 있다. 부동산을 통한 은퇴준비도 반드시 필요하다는 것이다.

"하루라도 빨리 시작하라"

누군가 다른 사람이 은퇴준비의 계획을 대신 짜 줄 수는 없다. 언제 시작하고 언제 끝낼지 알려주지 않는다. 스스로 준비하는 것이다. 또한 정해진 시기가 있는 것도 아니다. 다만 하루라도 빨리 시작하는 게 좋다는 정답은 있다. 아직 젊다는 이유로, 아직 미혼이라는 이유로, 먹고살기 힘들다는 이유로 차일피일 미뤄서는 안 된다. 명심하라! 은퇴준비는 4050세대가 되어서 시작하는 것이 아니다. 하루라도 빨리 시작할수록 행복한 은퇴생활을 보장받을 수 있다. 지금 당장 시작하라.

주택연금이란?

주택연금은 주택을 담보로 잡히고 사망할 때까지 분할로 대출을 받는 것이다. 무엇보다 주택연금은 종신형이다. 게다가 연금을 받은 주택에서 계속 살 수 있다. 특히 주택의 가격이 떨어져도 당초 보장했던 연금을 그대로 받을 수 있다. 여기에 배우자 한쪽이 먼저 사망해도 나머지 한 사람이 연금을 계속 승계해 받을 수 있다.

주택연금에 가입하기 위해서는 1가구 1주택이어야 하며, 주택의 가격이 9억 원 미만이어야 한다. 또한 주택에 권리관계(근저당권 등)가 붙어 있지 않아야 한다. 주택 소유자의 연령이 만 60세 이상이어야 한다. 주택에 본인이 거주해야 하며 전월세는 원칙적으로 금지되어 있으나, 보증금 없이 월세로 주택 일부를 임대하는 것은 가능하다.
주택연금을 받다가 부부가 모두 사망하면 경매를 통해 처분해 대출금을 청산한다. 이때 상속인이 주택을 물려받기를 원하면 지금까지의 연금 수령액을 갚으면 상속받을 수 있다.

〈 주택연금 월 수령액 (종신지급방식, 정액형, 2014.1.1 기준) 〉 (단위: 천 원)

주택가격 연령	1억 원	3억 원	5억 원	7억 원	9억 원	비고
60대	228	685	1,142	1,598	2,055	
70대	333	999	1,665	2,331	2,969	
80대	521	1,565	2,608	3,497	3,497	

자료: 주택금융공사

신혼부부가 지켜야 할
은퇴준비 5원칙

맞벌이 부부 K씨(33세).

그는 결혼 3년차, 아직은 신혼부부이다. 이들의 연소득은 8,000만 원이며, 자산은 아파트 전세금(2억 3,000만 원)과 예적금 3,000만 원 정도가 전부이다. 전셋집은 결혼하기 전까지 각자가 모은 돈을 합쳐 구했다. 그는 양가 부모님으로부터 일체의 도움 없이 내 집 마련을 할 계획을 짜 두었다. 그런데 워낙 가진 것 없이 시작하다 보니 아직도 계획을 실행에 옮기지 못하고 있다. K씨에게 급한 것은 내 집 마련이 아니다. 당장 전세보증금을 올려줄 수 있는 목돈을 마련하는 것이 더 급선무이기 때문이다. 만약 전세보증금을 올려주지 못하면, 월세로 살거나 서울이 아닌 수도권 신도시로 이삿짐을 싸야 할 형편이다.

K씨 부부는 소위 허리띠를 졸라매는 스타일은 아니다. 그렇다고 흥청망청 소비하는 것도 아니어서 월소득의 40% 정도를 저축하고 있다. 그는 직장 동료들이 하나둘씩 내 집 마련을 했다는 소식을 접해도 그냥 흘려 넘기곤 했다. 종잣돈이 턱없이 부족했기 때문에 집 장만에 대한 관심도 멀어져 가고 있었던 것이다. 그래서인지는 몰라도 아직까지 청약통장도 보유하고 있지 않았다. 그러던 어느 날 K씨는 입사동기들이 벌써부터 은퇴준비를 시작했다는 얘기를 듣고 뜻밖의 자극을 받았다. 하지만 그런 준비는 도대체 어떻게 시작해야 할지 방법을 전혀 몰랐다.

결론부터 말하면, K씨는 부족한 돈 때문에 은퇴준비의 첫걸음인 내 집 마련에도 관심을 가질 수가 없었다. 이처럼 사람들은 내 집 마련을 못하는 가장 큰 이유로 부족한 종잣돈을 꼽는다. 이 때문에 모든 재테크에 무관심해지게 된다는 것이다. 그러나 모든 사람들이 종잣돈을 전부 마련한 후에야 내 집 마련에 나서는 것은 아니다. 때론 종잣돈이 조금 부족해도 대출금이나 전세금을 끼고 내 집 마련에 성공하는 사람들도 있다. 내 집 마련은 은퇴준비의 가장 중요한 포인트이다. 집 장만 후, 자본수익을 키우면서 종잣돈을 모으는 것이 은퇴부자로의 가장 빠른 지름길이 될 수 있기 때문이다.

K씨 부부는 자산관리 상담을 받은 후, 은퇴준비에 대한 생각을 180도 바꾸었다. 우선 은퇴준비에 대한 자금계획부터 세웠다. 그리

고 종잣돈 모으기에도 한 치의 소홀함 없이 실행해 나갔더니 월소득의 60%까지 저축률을 끌어올리게 되었다. 신혼 초에는 종잣돈을 용도와 구분하지 않고 모았다. 그러다 보니 집안에 급한 일이 생기면 중도해약하기 일쑤였다. 그러나 지금은 종잣돈을 사용할 용도에 따라 구분해서 돈을 모으고 있다. 그렇지 않으면 급할 때 덜커덕 중도해지하는 상황이 발생하기 때문이다.

신혼부부들에게 조언하고 싶은 은퇴준비의 원칙을 약 5가지로 간추려 봤다.

첫째, 소득과 지출에 따른 자금계획을 짜라

은퇴준비는 소득과 지출의 규모를 정확하게 파악하고 여기에 맞춰 장단기 종잣돈을 마련해야 하는 것이다. 대략적인 소득은 있는데 도무지 종잣돈이 모아지지 않는다고 하소연하는 사람들이 있다. 이들은 대부분 지출의 정확한 내역을 파악하지 못하고 있기 일쑤다. 소득은 정해져 있다. 그렇다면 종잣돈 모으기의 핵심은 일, 월, 분기, 연간의 지출을 정리해 최대한 불필요한 지출을 줄이는 것부터 시작해야 마땅하다.

둘째,
은퇴준비를 하루라도 빨리 시작하라

　인생 100세 시대이다. 30년 벌어서 자녀들을 키우고 또 가정을 유지해야 한다. 더 중요한 것은 은퇴 후에 4,50년은 더 먹고살아야 한다는 것이다. 이처럼 현실이 매우 엄중하기 때문에 은퇴준비는 소득이 생기는 바로 그 시점부터 곧장 시작해야 한다.

셋째,
내 집 마련과 병행하라

　누가 뭐래도 은퇴준비는 금융자산을 모으는 것과 내 집 마련을 병행해야 한다. 주거가 안정되면 삶의 질이 높아지기 마련이다. 여기에 미래가치 있는 주택(아파트 외)을 통해 미래의 자본수익을 얻는 것이 은퇴준비에 가장 큰 힘이 된다는 사실을 명심해야 한다.

넷째,
종자돈의 20~30%를 투자상품에 운영하라

　저금리 시대이다. 예적금만 가지고서는 인플레이션 때문에 제대로 나의 자산을 지킬 수가 없다. 따라서 다소 위험성이 있을지라도, 금융자산의 미래가치를 보안해 주기 위해서는 자신에게 맞는 일정 규모의 종잣돈은 투자상품으로 운영하는 것이 좋다.

다섯째,
내 집 마련 후에는 수익성 부동산에 투자하라

당연히 내 집 마련 후에는 수익성 부동산에 눈을 돌려야 한다. 수익성 부동산은 인플레이션에도 불구하고 안정적인 임대수익이라는 과실을 비롯해 자산을 증가시켜 주는 자본수익도 함께 얻을 수 있게 해 주기 때문이다.

은퇴부자가 되는 길에 장애물 중 하나는 바로 내 집 마련을 할 수 없을 것이라는 회의와 무관심이다. 혹시 당신도 그런 생각을 갖고 있다면 하루빨리 생각을 고치길 바란다. 내 집 마련에 관심을 갖게 되면 뜻밖의 좋은 정보도 얻을 수 있고, 이는 곧 돈보다 더 큰 자산이 될 수도 있다. 경우에 따라서는 돈보다 정보가 더 중요할 때도 있다. 물론 수집한 정보들 속에서 고급정보를 골라내는 안목도 함께 길러야 한다. 분명코 가짜 정보의 노예가 되어서는 안 된다.

또한 자신의 몸에 맞는 전략을 세우는 것이 중요하다. 예를 들어 내 집 마련을 하는 경우에는 특정 지역만 고집할 필요가 없다. 미래가치가 있는 곳이면 굳이 서울에만 집착하지 말라는 것이다. 출퇴근에 다소 불편함이 있더라도 수도권지역을 고려해 볼 필요가 있다.

그리고 분위기에 편승하지 말아야 한다. 은퇴준비는 다른 사람들이 한다고 해서 무작정 똑같이 덤벼들어 하는 것이 아니다. 자신의 소득 범위 내에서 자신만의 전략을 짜서 움직여야 한다. 특히 은퇴준비를 빨리 하기 위해서는 소문에 각별히 조심해야 한다. 소문은 소문으로 끝나는 경우가 많다. 만약 소문을 제멋대로 분칠했다가 주식투자나 빈껍데기 부동산에 투자하여 손해를 입을 수도 있기 때문이다.

사실 은퇴부자가 되는 비결에 아주 특별한 무엇인가가 있는 것은 아니다. 그 준비는 지극히 일상적이고 평범함 속에서 이루어지는 것이다. 평범한 일상에서 은퇴준비에 대한 구체적인 계획을 세우고 한 걸음씩 실천에 옮기는 것이 최고의 방법이다.

또한 은퇴준비에 대한 확고한 목표를 가지고 실행해 나가는 것이 중요하다. 은퇴준비는 분명 첫술에 배부를 수는 없다. 그렇다고 해 보지 않은 일이라고 해서 겁먹지 말라. 어떻게 하면 행동으로 옮길 수 있을지를 늘 생각해야 한다. 고대 로마제국의 황제였던 마르쿠스 아우렐리우스는 "거창한 일이라도 우선 시작해 봐라. 손이 일에 착수했다는 것만으로도 일의 반은 이룬 셈이다"라고 말했다. 그렇다. 무슨 일이든 계획만 세워놓고 실행하지 않는다면 아무리 거창한 계획이라도 그것은 계획에 그칠 뿐이다. 은퇴부자는 계획만 수백 번 짠다고 해서 이루어지는 것은 아니다. 계획을 실행으로 옮길 경우에만 은퇴부자가 되는 것이다.

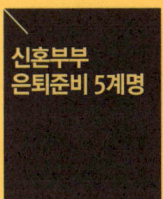

신혼부부 은퇴준비 5계명

1. 자산관리를 각자 따로 하지 말고 합쳐서 하라.
2. 투자를 위한 투자가 아닌, 은퇴준비를 위한 투자를 하라.
3. 소득의 30%는 은퇴준비를 위해 써라.
4. 부부가 소득과 지출을 공유하라.
5. 은퇴준비의 1차 목표는 내 집 마련으로 계획하라.

자녀 뒷바라지보다
부동산 IQ를 물려주라

중소기업 임원으로 퇴직한 P씨(57세).

P씨는 지난해 30년 다닌 회사에서 정년퇴직을 했다. 회사에서 임원까지 했으니 장수를 한 셈이다. 그는 일찌감치 은퇴준비를 해 두고 있었다. 은퇴 후 경기도 양평에 내려가 전원생활을 하기 위해 텃밭이 딸린 주택을 사 두었다. P씨는 결혼이 다소 늦었던 탓에 아직까지 대학에 다니는 두 아들이 있다. 자식들이 대학을 졸업할 때까지 등록금과 생활비는 물론 결혼자금까지, 뒷바라지할 것들이 아직 많이 남아 있는 상태였다. P씨가 양평에 내려가 은퇴생활을 계획해 두고 있었던 것은 바로 은퇴자산을 줄여 자식들에게 아파트 한 채씩 장만해 주고 싶다는 바람 때문이었다. 그렇다고 P씨가 대단히 많은 은퇴자산을 가지고 있는 것은 아니었다. 현재 대치동에 살고

있는 W아파트(148.76㎡, 시세 15억 원) 한 채와 퇴직금(4억 5,000만 원)이 자산의 전부였다. 그런데도 지금 살고 있는 아파트도 처분하여 자식들에게 내 집 마련을 해 줄 계획을 가지고 있었다.

이렇게 아파트까지 처분해서 자식들에게 뒷바라지를 해 주고 나면, 서울에서 은퇴생활을 하기에는 경제적으로 턱없이 부족하다는 것을 알았기 때문에 전원생활을 계획했던 것이다. P씨 부부가 나에게 자문을 구한 것은 증여에 따른 절세의 문제였다. 증여 자체는 이미 결정해 놓은 터라 재고의 여지가 적어 보였다.

P씨 부부에게 물어보았다. "왜 이렇게 자식들에게 다 물려주려고 하세요?" 그러자 곧바로 "한없이 주고 싶은 게 부모 마음 아니겠어요"라는 답변이 돌아왔다. 자식들에게 다 주고 나면, 그럼 앞으로 40~50년 정도 은퇴생활은 어떻게 할 계획이냐고 묻자, 그래서 양평에 내려가 살려고 한다는 것이었다. 그리고 일부 현금(2억 5,000만 원)과 몇 년 후부터 받게 될 국민연금 100만 원 정도만 있으면 충분할 것이라는 생각을 가지고 있었다.

P씨 부부는 서울출생이었다. 50평생 서울에서만 살았기 때문에 전원생활을 잘하려면, 반드시 적응할 기간이 필요해 보였다. 이러한 현실을 감안해 보니 이들 부부에게는 증여세를 절세하는 방법이 급한 문제가 아니었다. 행복한 은퇴생활을 위해서는 은퇴계획을 다시 짜야 했다.

P씨 부부에게 나는 자식들에게 증여하는 것은 오히려 자식들의 경제적 자립의지에 더 방해가 될 수 있다는 사실을 얘기해 주었다. 만약 자식들에게 자산을 일찍 증여해 주게 되면, 스스로 부자가 되려는 자립심의 싹은 자라지 못할 수 있다. 또한 이미 아파트를 물려받았으니 저축하는 데 집중하기보다 그저 소비하고 낭비해 버릴 우려가 있다. 또한 자식들에게 뭔가를 바라고 자산을 일찍 물려주는 것은 아니지만, 막상 증여하고 나서는 자식들한테 홀대를 받는 부부를 많이 보아 왔다. 따라서 교육적인 차원에서 보더라도 자산은 사전에 증여해 주는 것보다 사후에 상속해 주는 것이 좋다. 물론 세금에 대한 절세의 유불리는 자산의 규모나 미래가치의 증감 여부에 따라 판단해야 한다. P씨 부부는 생각이 바뀌었고, 자식에게 물려주기보다 은퇴생활을 위한 은퇴준비를 먼저 하기로 했다.

6개월 후, P씨 부부는 아파트를 처분하고 전셋집을 구했다. 세금을 내고 14억 5,000만 원을 손에 쥔 채 다시 나를 찾아왔다. 본격적인 은퇴준비를 하기 위해서였다. P씨 부부는 각각 즉시연금(2억 원)에 가입해 매월 50만 원씩 연금을 받을 수 있게 되었다. 자식들의 학자금과 결혼자금으로 각각 1억 5,000만 원씩 3억 원을 남겨놓고, 소형 아파트 두 채 정도를 매입해 월세를 놓을 생각이다. 지금은 서울과 양평을 오가며 전원생활에 적응하려고 노력하고 있다.

자식을 둔 대부분의 부모의 고민이 있다. '과연 자식 뒷바라지는 어디까지 해 줘야 하는 걸까?' 정답은 없어 보인다. 그러나 무조건 퍼 주는 것만이 자식에 대한 사랑은 아니다. 물론 자식을 낳았으면 건사하는 것이 부모의 도리이다. 그렇다고 자식이 태어나서 죽을 때까지 모든 것을 다 대신해 줄 수는 없다. 또 바람직하지도 않다. 어떤 부모들은 자식 해외유학을 못 보내 준 것이 못내 미안하고 아쉽다고 얘기한다. 물론 사회생활을 할 수 있도록 학업을 마칠 때까지는 부모가 뒷바라지해 주는 것이 이상할 것은 없다. 하지만 교육비 지원도 경제적 상황을 감안해야 한다. 특히 자녀의 결혼자금부터는 반드시 부모의 은퇴자산에 대한 경제력을 고려해서 판단해야 한다.

《맹자孟子》에 '발묘조장拔苗助長'이란 말이 있다. 도와주는 것이 해가 될 수 있다는 얘기다. 자식을 억지로 도와주는 것보다, 때로는 스스로 일어날 수 있도록 지켜보는 것이 좋다는 뜻이다.

행복한 은퇴생활의 즐거움의 하나가 바로 자식이 잘 되는 일이다. 자식들은 내팽개치고 부부만 호의호식하며 행복한 은퇴생활을 할 수는 없을 것이다. 하지만 자식들에게 모든 것을 다 주고 난 뒤의 은퇴생활은 어떻게 할 것인가. 경제력이 뒷받침되지 않은 노후는 행복과도 그만큼 거리가 멀 확률이 높다.

장쓰안의 《평상심》을 보면 상어에 대한 이야기가 나온다. "물고기 중에 상어만 유독 부레가 없기 때문에 상어는 태어나면서부터 쉬지 않고 움직인다. 그 결과 몇 년 뒤에는 바다 동물 중에 가장 힘이 센 강자가 된다."

그렇다. 자식들에게 무조건 물려주기보다, 스스로 강하게 성장할 수 있도록 도와주는 것이 오히려 자식들에게 더 큰 자산이 될 것이다. 부모가 자식들의 교육에 열을 올리는 것도 결국엔 올바른 사회생활을 통해 경제적 자립을 하는 것을 목표로 하고 있다. 그러니 자식들에게 내 집 마련을 못해 줘서 안달하지 말라. 자식들에게 물려주는 것보다 당신들의 은퇴준비가 먼저다. 차라리 부동산 공부를 해서 내 집 마련을 할 수 있도록 부동산 IQ를 물려주는 것이 백배 현명하다.

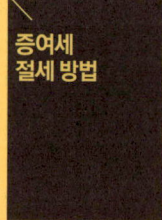
증여세 절세 방법

첫째, 현금보다 부동산으로 물려줘라.
증여할 경우 현금은 그 자체가 과세표준금액이 되지만, 부동산은 기준시가가 과세표준이 되기 때문에 절세할 수 있다.

둘째, 증여받는 사람이 많으면 좋다.
증여재산공제를 받기 위해서는 수증자 숫자를 늘려 과세표준을 줄이면 절세할 수 있다.

셋째, 세대생략증여를 활용하라.
예를 들어 할아버지의 부동산을 아버지가 아닌 손자에게 증여하는 것이다. 그러면 두 번에 걸쳐 납부해야 할 세금을 증여세에서 30%만 더 내면 된다.

넷째, 부담부증여를 활용하라.
이는 증여에 있어 가장 일반적으로 사용되는 방법이다. 즉, 전세금이나 대출을 끼고 증여를 하는 것이다. 그러면 전세금이나 대출금액만큼 과세표준금액이 줄어들어 절세할 수 있다.

열 자식보다 똑똑한 부동산 하나가 효자

일산에 사는 L씨(62세).

그는 평생 동안 동대문에서 구멍가게를 하면서 4남매를 키웠다. 다행히 장사는 잘 되는 편이었다. 덕분에 4남매를 대학까지 보낼 수 있었다. L씨는 배운 것이 적고 가진 것 없이 살다 보니 오직 자식들 잘 키우는 것이 인생의 목표였다. 자식들을 대학까지 공부시키기 위해서는 다른 데 한눈 팔 시간이 없었다. 당연히 은퇴준비는 사치라고 생각했다.

자식들이 중고등학교에 입학하면서부터는 교육비로 지출하는 돈이 더 많아졌다. 그렇게 일만 하며 성실히 살아온 덕분일까. L씨에게 행운이 찾아왔다. 1992년, 구멍가게 주인이 미국으로 이민을 간다고 상가(66,10㎡)를 판다는 것이었다. 그리고 세입자인 L씨에게 우선적으로 매수할 수 있는 권리를 주었다. 그런데 당시에는 상가가 좋은 것인지 몰랐다. 게다가 전셋집을 전전하며 아이들과 함께 살아야 했기 때문에 우선 내 집 마련하는 것이 목표였다. 하지만 하는 수 없이 먹고살기 위해서 구멍가게로 사용하던 상가를 먼저 사야만 했다. 결국 그동안 집 장만 하려고 모아 둔 종잣돈과 은행에서 어렵게 대출(2,000만 원)받은 돈을 합쳐 상가(6,500만 원)를 사게 되었다.

L씨는 직접 상가를 소유하고부터는 휴일도 없이 더 열심히 일했다. 그 덕분에 2004년 여름, 결국엔 지금 살고 있는 H아파트(112.88m^2, 2억 8,000만 원)를 장만하게 되었다. 큰딸과 둘째아들은 드디어 자신들 방이 생겼다며 정말 좋아했다. 내 집 마련의 기쁨을 가족과 함께 누리며 살았다. L씨는 이 아파트에서 자식들을 잘 키워 결혼까지 다 시켰다. 다행히 자식들도 잘 자라 주었다. 큰딸은 중학교 선생님이 되었고, 둘째와 셋째 아들은 공무원이 되었다. 그리고 막내아들은 미국에서 변호사로 일하고 있다. 손주들만 해도 7명이나 생겼다. 물론 자식들 결혼할 때 보태준 건 하나도 없다. 자식들이 알아서 결혼자금을 준비해 시집장가들을 갔다. 막내아들에게만 미국 들어갈 때 만 달러 정도 준 것이 전부였다.

그런데 4남매를 훌륭하게 키우는 데 올인하다 보니 막상 L씨는 종잣돈을 모을 여유가 전혀 없었다. 심지어 건강보험 하나 들어 둔 것이 없었다. 지난해 L씨는 아내의 건강이 안 좋아져 점포를 정리하고 임대를 놓았다. 평생 고생만 시킨 아내의 건강을 돌봐주고 싶었기 때문이다. 그런데 걱정이 앞섰다. 돈 없는 은퇴생활이 불안했다. 지금까지 모아 둔 돈이라고는 고작 1억 2,000만 원이 전부였다. L씨 부부가 앞으로 살아가야 할 돈이었다. 그런데 다행스러운 것은 임대를 줬던 점포에서 매월 350만 원씩 월세가 나온다는 것이었다. 장사를 접고 나니 350만 원도 큰돈이었다. 자식들이 잘됐다고는 해도 생활비를 보태 달라고 손 벌릴 수는 없는 노릇이다. L씨는 현재 살고 있는 아파트도 처분할 생각이다. 한때 시세가 5억 5,000만 원까지 가던 것이 지금은 오히려 10년 전 산 가격보다 1,000만 원 정도 떨어진 상태이다. L씨 부부가 살기에는 너무 크고, 갈아타고 남은 돈으로 노후자금으로 쓸 계획이다.

'이제 은퇴준비를 해야지' 하는 생각이 번쩍 들면 어느새 황혼! 세월이 야속하다. 그러나 누구를 탓하랴. 자영업을 하는 경우에는 더욱 은퇴준비에 소홀할 수 있다. 만약 L씨가 사업상 필요했어도 상가에 투자해 놓지 않았다면 어떻게 되었을까? 아마도 상상할 수 없을 정도로 초라한 은퇴생활을 하고 있을 것이다. 다행스럽게도 L씨는 은퇴생활을 하는 데 경제적으로 큰 걱정 없이 지내고 있다. 상가에서 매월 나오는 임대수입 덕분이다. 여기에 아파트를 줄여

4억 원 정도의 종잣돈을 만들어 놓았다. L씨 부부가 병원비로 쓰기에 부족함이 없어 보이는 돈이다.

사당동에서 폐지를 줍고 있는 H씨(77세).

H씨는 트럭으로 노점상을 하며 두 자식을 지극정성으로 키웠다. 큰아들은 서울의 명문 사립대를 나와 대기업 임원으로 재직하고 있다. 둘째아들은 유학까지 시켰다. 지금은 미국의 한 사립대학에서 부교수를 하고 있다. 자식들이 이렇게 잘 자랐는데도 H씨는 두 아들이 집을 살 때에도 있는 힘껏 보태 주었다. 평생 번 돈을 은퇴준비는 않고 자식들에게 아낌없이 준 것이다.

사실 둘째아들 유학 보낼 때는 고민을 많이 했었다. 1993년, 반포주공2단지(18평, 1억 2,000만 원) 아파트에 투자하려고 했던 돈으로 유학을 보내줬기 때문이다. 만약 당시 여기에 투자했다면 현재 시세(15억 원)를 감안하면 H씨 부부는 이미 행복한 은퇴생활을 즐길 수 있었을 것이다.

그런데 H씨가 막상 은퇴를 하고 조금 모아 두었던 종잣돈마저 떨어지니, 하루를 새벽 4시에 폐지 줍는 것으로 시작하여 저녁 9시까지 폐지 줍는 것으로 끝나는 생활이 되어 버렸다. 7년 전 남편의 병원비를 감당하느라 전셋집까지 없어지고 단칸방 월세에 살고 있다. 당시에 자식들은 바쁘다는 핑계로 코빼기도 보이지 않았다. 무척이나 서운했지만 이젠 그러려니 하며 이해하기로 했다. 손주들 못 본 지도 10년이 넘었다. 이제 그들이 의지할 곳이라고는 부부뿐이다. 그렇다고 H씨 부부는 자식들을 원망하지 않는다. H씨는 젊어서 죽을 고생을 하며 자식들 공부를 시켰지만, 나중에 무슨 대가를 받으려고 그런 것은 아니었다. 하지만 옆에서 지켜보는 사람으로서는 안타깝기 그지없다. 결국 자식들 공부 잘 시켜 며느리 좋은 일 시킨 셈이었다.

행복한 은퇴생활을 위해서는 은퇴준비를 팽개치고 오로지 지식에게만 올인해서는 안 된다. 누구나 경제적 활동을 통해 돈을 벌 수 있는 시기는 어느 정도 정해져 있다. 이 시간 동안 번 돈으로 은퇴준비를 얼마나 해 놓느냐에 따라 말년의 인생이 달라진다. 자식들의 교육도 중요하지만 은퇴준비 또한 2순위로 미뤄 놓고 있을 사항은 아니다. 아무리 자식들을 훌륭하게 키웠다고 한들 그 대가로 은퇴생활비를 받아낼 수 있을까? 은퇴 후 생활비를 도와달라고 해도 흔쾌히 "예스"라고 답할 자식은 많지 않을 것이다. 옛말에 부모는 열 자식을 건사해도, 열 자식은 한 부모를 건사하지 못하다는 말이 있다. 요즘에 와서 더욱 실감나는 얘기 같다. 7,80년대처럼 자식을 보험으로 생각하던 시대는 흘러간 유행가가 된 지 이미 오래다.

은퇴준비는 자식의 교육과 똑같은 중요도를 가지고 함께 준비해야 한다. 다시 강조하지만, 자식 10명보다 수익성 부동산 하나가 효자인 세상이다.《사기史記》에 '심장약허深藏若虛'라는 얘기가 있다. 똑똑한 상인은 좋은 물건을 내놓지 않는다는 뜻이다. 때로는 감추는 것이 현명할 때도 있다. 행복한 은퇴생활을 하려면 당신이 가진 자산의 모든 내역을 자식들에게 다 알리거나 나눠주는 것은 지혜롭지 못한 것일 수 있음을 명심하라.

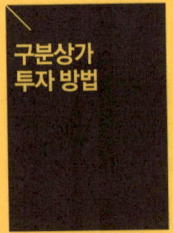

구분상가 투자 방법

첫째, 임대수익보다 자본수익이 많은 곳을 선택하라.
둘째, 주변지역의 임대수익률을 확인하고 비교해 보라.
셋째, 장기적으로 계약할 수 있는 임차인이 있어야 한다.
넷째, 2030세대 유동인구가 많은 지역을 선택하라.
다섯째, 새롭게 형성되는 신도시보다 상권이 안정되어 있는 지역을 선택하라.

이혼의 아픔은
든든한 노후준비로 잊자

화곡동에 사는 A씨(46세).

그녀는 대학을 졸업하자마자 결혼했다. 그땐 뭐가 그리 급했는지, 당시 남편은 졸업도 하지 않은 학과 선배였다. 결혼 후 남편은 학교를 다녔고, 그녀가 은행에 취직해 가정경제를 책임졌다. 그래도 안정적인 직업을 갖게 된 덕분에 남편 뒷바라지를 하면서 두 딸까지 낳았다. 이렇게 결혼 후 10년 동안 직장에 다니면서 아이들 낳고 키우면서 행복하게 잘 살았다.

그런데 뜻하지 않게 시댁과의 갈등이 싹트고 있었다. A씨의 남편이 삼대독자였기 때문에 아들을 꼭 낳아야 한다는 시어머니의 잔소리가 압박으로 변했다. 처음엔 그냥 하시는 소리 줄로만 알았다. 바쁜 직장 생활하면서 두 딸을 키우는 것도 벅찬데, 설령 셋째를 출산

한다 해도 아들이라는 보장도 없을 뿐만 아니라 도저히 세 자녀를 키울 자신이 없었다. 그녀는 한동안 시댁의 얘기를 무시하고 직장 생활에 전념했다. 그러나 날이 갈수록 시어머니의 성화는 커졌다. 급기야 남편까지 나서서 아들을 꼭 낳자고 압박 수위를 높여 왔다. 그녀가 몇 년 동안 요지부동 셋째를 가질 생각을 안 하자 남편과의 관계도 소원해지기 시작했다. 부부 사이의 대화도 점점 사라지고 한집에 있어도 눈도 마주치지 않는 날이 많았다. 가정의 위기가 찾아온 것이었다. 그녀의 두 딸들도 분위기를 아는지 눈치만 보며 말수들이 줄어들었다.

  2005년, 급기야 그녀의 남편은 정식으로 이혼하자는 얘기를 꺼냈다. 아들을 낳지 않을 거면 이혼하자는 것이었다. 처음부터 남편은 아들이 없다면 두 딸들은 키울 생각이 없다고까지 했다. 그리고 자신은 아들을 낳기 위해 재혼을 해야 한다는 것이었다. 기가 막힐 지경이었다. 그녀는 매달리지 않고 깨끗이 이혼해 줬다. 두 딸과 함께 미련 없이 살던 집을 나와 전셋집을 구해 독립했다. 한동안 세상이 너무 허무하게만 느껴졌다. 그 옛날 대학교 1학년 신입생 환영회에서 만났던 남편은 대학생활 4년 동안 끊임없이 그녀를 쫓아다니며 사랑을 고백했다. 그녀도 한결같은 구애에 마음을 열고 대학 졸업 후 취업과 동시에 결혼을 했던 것이다. 그런데 지금이 무슨 조선시대도 아니고 아들을 낳지 않겠다는 이유만으로 이혼을 당한 현실이

믿기질 않았다. 결혼 당시를 회상해 보면 배신감은 극에 달했다.

그녀는 이혼 후에도 재혼할 생각이 전혀 없다. 단지 두 딸들을 잘 키우면서 어떻게 살 것인가만 생각했다. 몇 개월에 걸친 장고 끝에 그녀는 퇴직금을 가지고 주택임대사업을 하기 위해 명예퇴직을 선택했다. 당시 친정아버지의 도움을 받아 2003년 신사동에서 주택임대사업을 시작했다. 물론 사전에 시장조사를 통하여 임대수요가 많고 주택공급이 부족한 곳을 물색하다가 신사동 사거리 동북쪽에 위치한 허름한 단독주택($332m^2$, 투자금액 2억 5,000만 원)을 매입한 것이었다. 주변에는 '나 홀로 아파트'뿐이 없었다. 게다가 단독주택을 비롯한 중소형 빌라가 혼합되어 있는 일반 주거지역이었지만 주택공급이 턱없이 부족한 지역으로 보였다. 그녀가 신사동을 선택한 결정적인 이유는 지하철 3호선 신사역에서 5분 이내의 거리에 있는 지역으로 교통이 편리한 것이 주요하게 작용했다. 그녀는 6개월에 걸쳐 4층짜리 다세대(투룸) 18세대를 신축해 임대사업을 시작했다.

A씨는 비록 이혼은 했지만 이제는 두 딸들과 함께 행복하게 살고 있다. 이혼 직후에는 그저 두 딸들과 먹고살 일에만 골몰하며 주택임대사업을 시작했는데, 지금 생각해 보면 그것으로 은퇴준비까지 끝마친 셈이 되었다. 별도의 은퇴준비를 할 필요가 없어졌다. 매월

임대수익(1,500만 원)이 연금보다 훨씬 더 많이 나오기 때문이다. A씨는 이혼의 아픔을 든든한 노후준비로 잊을 수 있었다. 돈이 최고여서가 아니라, 크나큰 좌절감과 막막함에서 벗어나 다시금 자신감을 갖도록 해 주었기 때문이다. 지금 A씨는 당당한 임대사업자로 변신하여 딸들과 함께 행복하고 자유롭게 살아가고 있다.

남성과 여성이 느끼는 이혼의 온도 차이는 다르다. 우선 남성의 경우에는 그동안의 규칙적인 생활이 무너질 수 있다. 또한 자기관리가 통제되지 않아 자산을 탕진하거나 우울증에 시달리며 인생 자체를 포기할 수도 있다. 반면, 여성의 경우에는 무엇보다 경제적인 어려움에 처할 가능성이 높다. 여기에 아직까지는 사회적 편견과 시선에 따른 심리적 부담이 가중될 수 있다. 이렇게 이혼으로 인해 남성이 여성보다 더 행복하다고 느끼는 이유는 경제적으로 풍요롭기 때문일 것이다. 그렇다. 이혼한 여성은 앞뒤 따지지 말고 일로써 완벽한 경제적 자립에 성공해야 한다. 하지만 여성의 경우에는 전문직이 아니라면 경제적 자립에 성공하기가 쉽지 않은 것이 현실이다. 만약 이러한 환경을 극복하지 못할 경우에는 현재와 미래의 행복한 은퇴생활은 요원하기만 할 것이다.

이혼! 누구에게나 생길 수 있는 일이다. 그리고 겪어야 하는 일이라면, 경제적 자립을 최우선으로 고려해야 한다. A씨가 이혼의 아폼에서 비교적 쉽게 벗어날 수 있었던 데는 경제적 자립에 완전히 성공한 것이 한몫을 했다.

최근 들어 주택임대사업이 주목을 받는 이유는 시장금리가 저금리를 유지하고 있어 자금조달이 용이하기 때문이다. 여기에 주택의 수요에 비해 공급이 부족한 실정이며, 1인세대의 꾸준한 증가로 공급이 수요를 따라가지 못하기 때문이다. 그러나 주택임대사업이 누구에게나 성공을 보장해 주는 것은 아니다. 임대주택의 입지선정을 비롯해 수요예측, 수익성분석 등 철저한 전략을 수립해 투자해야 한다. 성공 투자를 위해 다음의 몇 가지 원칙을 기억하라.

첫째,
실수요자를 잡아라

주택임대사업의 성공 여부는 실수요자를 잡느냐에 달려 있다. 그러기 위해서는 입지선정이 매우 중요하다. 대부분 주택의 실수요자는 대학생을 비롯해 직장생활을 처음 시작하는 회사원이 주류를 이루고 있다. 이를 감안해 입지선정을 하는 것이 좋다. 예를 들어 신촌 지역을 비롯해 안암동, 신림동 대학가 주변이 좋다. 직장인들을 사로잡을 수 있는 지역으로는 광화문을 비롯해 신사동, 논현동, 삼성동 등이 있다. 여기에 지하철역 주변의 오피스텔이 아닌, 소형 아파트도 눈여겨 볼 만하다.

**둘째,
수익성이 보장되어야 한다**

　주택임대사업에 있어서 빼놓을 수 없는 것이 바로 수익성이다. 투자금액 대비 일정금액 이상의 수익성(5~6%)을 올리지 못하면 주택임대사업은 아무런 의미가 없다. 예를 들어 건물을 신축하여 임대사업을 시작한다면, 공사비, 설계비 등을 포함하여 신축에 따른 총비용 등을 감안해야 한다. 주택을 신축해서 임대사업을 하는 것도 좋지만, 초보자인 경우에는 소형 아파트 몇 채를 구입해 월세를 놓는 것이 더 좋다.

**셋째,
다른 임대주택과 차별화되어야 한다**

　같은 지역의 임대주택인 경우에는 하나같이 똑같은 방법으로 신축되는 경우가 많다. 그런데 임대주택은 다른 주택과 차별화되지 못하면 공실 위험성이 높다. 신축 후 3~4년이 지나면 아무리 장판과 벽지를 새것으로 바꾸어도 실수요자의 발길을 끊어진다. 즉, 실수요자의 기호에 맞게 시공되어야 한다는 얘기다. 예를 들어 대학생과 회사원이 주 임차인인 점을 감안해야 한다. 그들은 어느 누구에게도 간섭받지 않는 혼자만의 공간을 원한다. 여기에 컴퓨터, 샤워시설을 갖춘 화장실, 간단하게 요리할 수 있는 조리시설에 중점을 두는 것이 좋다.

넷째, 용적률이 많이 나와야 한다

기존 건물을 증축하거나 건물을 멸실시키고 신축건물을 짓는 경우에는 용적률이 많이 나오는 지역이 유리하다. 건물을 한 평이라도 더 지어야만 임대수익을 최대한 올릴 수 있기 때문이다. 여기에 용적률이 높으면 자본수익에도 영향을 미친다.

다섯째, 자금계획을 철저히 세워야 한다

자금계획을 잘 짜야 한다. 건물을 신축하기 위해 모든 준비를 끝냈어도 돈이 부족하면 임대사업이 어려워지기 때문에 신축하기 전에 자금계획부터 철저하게 세워야 한다. 신축하는 데 다소 부족한 시설자금은 미리 대출을 받을 수 있도록 대비해 둬야 한다. 특히 신축건물의 공정에 따라 건축비를 정확하게 지불하면서 건물의 시공상태를 꼼꼼하게 챙겨 보는 것도 잊지 말아야 한다. 한번 잘못 지어진 건물은 새로 고치는 데 많은 비용이 들고, 두고두고 애를 먹인다는 사실을 기억하라.

은퇴준비는 혼자일수록 더 독하게 해야 한다. A씨 경우처럼 이혼의 아픔을 극복하기 위해서는 인생 끝까지 자신을 지켜 줄 경제적 자립에 성공해야만 한다. 은퇴준비를 못하는 핑계거리로 '세상살이에 지쳐서, 괴로움이 커서, 세상 떠나면 그만이지'라는 생각들을 대며 소홀히 한다면 실패한 인생으로 끝나기 십상이다.

내 집 마련, 노후준비의 시작

동네 빵집을 하고 있는 G씨(35세).

그는 부모님 얼굴도 모르고 3살 때부터 할머니 손에 자랐다. 그런데 그를 키워 주신 할머니마저 고1 때 돌아가셨다. 그나마 고등학교까지 마칠 수 있었던 것은 선생님들의 보살핌 덕분이었다. 그는 스스로 자립해서 먹고살아야 했기에 고등학교 졸업 후 곧장 직업전선에 뛰어들 수밖에 없었다. 처음엔 내세울 만한 기술도 지식도 없어 공사장 막노동을 비롯해 닥치는 대로 일을 했다. 어린 나이에 세상살이가 너무 힘이 들었다. 그래서 가지 않아도 될 군대에 자원입대를 했다.

다행히 G씨는 군대에서 세상 살아가는 지혜를 많이 배웠다. 군대를 제대한 후 아르바이트를 해 가며 제빵사 자격증을 땄다. 지금의 아내와는 제빵사 공부를 할 때 학원에서 만났다. 그녀는 고아나 다름없던 G씨에게 큰 힘이 되어 주었다. 그는 제빵사 자격증을 취득한 후 명동에 있는 빵집에서 본격적으로 일을 시작했다. 첫 월급을 받던 날에는 키워 주신 할머니 생각이 간절해 한참을 울기도 했다.

G씨는 2007년, 원룸 월셋집(보증금 2,000만 원, 월 50만 원)에서 결혼생활을 시작했다. 그에게 신혼여행은 사치였다. 결혼 후에는 휴일 근무를 자청해 더 열심히 일했다. 종잣돈을 악착같이 모아 자신만의 빵집을 차릴 때까지는 고생을 각오한 터였다. 성실하게 일한 덕분에 2012년 서울 변두리에 조그만 빵집을 개업할 수 있었다.

G씨는 조그마나마 자기 가게도 열었고, 집도 월세에서 전세로 옮기는 성과가 있었지만, 안주하지 않고 이제는 내 집 마련을 위한 종잣돈 마련에 여념이 없다. 하지만 G씨 부부가 아침부터 저녁까지 열심히 일해도 임대료를 내고 나면 손에 쥐는 돈은 350~400만 원 정도가 전부였다. G씨는 수입이 늘지 않아 걱정이 태산이었다. 유치원에 다니는 두 딸도 잘 키워야 하고, 내 집 마련도 걱정이 되었다. 아직까지 은퇴준비는 엄두도 못 내는 형편이다. 어떻게 해야 좋을지 방법을 찾지 못하던 그때 G씨는 지인을 통해 나를 찾아와 자문을 구했다.

은퇴준비는 거창한 구호를 내걸고 시작하는 것이 아니다. 준비의 첫걸음은 하루라도 빨리 내 집 마련을 하는 것이다. 앞서 말했듯, 집 장만을 해 놓으면 노후에 주택연금을 받을 수 있기 때문이다. 어느 누구를 막론하고 우선적으로 자신의 몸에 맞는 내 집 마련 전략을 세워 실행하는 것이 중요하다. 일반적으로 꾸준한 수입이 있는 경우에는 대출을 끼고 내 집 마련에 나서는 것을 고려해야 한다. 은퇴준비는 마음먹기에 달려 있다. 대출금을 지렛대 삼아 집 장만을 하면 된다. 그런데 대출을 받을 때에도 따져 봐야 할 것들이 많다. 예를 들어 무리하게 대출받는 것은 피해야 하며, 대출금리도 꼼꼼하게 따져야 한다. 대출이자를 줄여 지출을 줄이는 것도 은퇴준비를 하는 것이기 때문이다. 여기에 상환조건이나 편리성 등도 함께 고려해 봐야 한다. 좀 더 구체적으로 다음과 같은 사항들을 점검해 보자.

〝착한 금리를 선택하라〞

대출이자 비용을 줄이는 것은 무엇보다 중요하다. 세상에서 제일 싼 금리를 선택하는 것이 가장 유리하다. 인터넷 사이트 '뱅크아이 www.bank-i.co.kr'에서는 각 은행의 대출금리를 비교해 볼 수 있다. 하지만 급여이체 등을 거래하고 있는 주거래 은행에 다시 한 번 확인해 볼 필요가 있다. 지금까지의 거래실적이 금리인하에 많은 영향을 줄 수 있기 때문이다.

💬 시장 분위기를 살펴라 💬

변동금리와 고정금리 둘 중 어느 것을 선택할 것인가? 정답은 시장 상황에 달려 있다. 시장금리가 하락하는 추세이면 변동금리를 선택하는 것이 좋다. 반면 시장금리가 상승하는 추세에 있다면 고정금리를 선택하는 것이 유리하다. 일반적으로 고정금리 대출이 변동금리에 비해 1~2% 정도 높게 형성되고 있다.

💬 대출금은 매월 갚아 나가라 💬

대출금을 갚는 방법은 한 번에 상환하는 것과 매월 나누어서 상환하는 방법이 있다. 대출이자가 생활비에 부담을 주는 경우에는 만기상환방식을 고려해야 한다. 그러나 부담이 없는 경우에는 주기적으로 원리금을 나눠 조금씩 갚아 가는 분할상환방식이 좋다. 이렇게 규칙적으로 대출금을 갚아 나가는 경우에는 추가적으로 금리 인하 혜택도 받을 수 있다.

💬 대출금 갚을 때 수수료도 따져라 💬

대출금을 중간에 갚은 경우에는 수수료를 부담해야 한다. 일반적으로 대출받는 사람은 장기대출을 선호한다. 하지만 자금계획을 감안해 결정해야 한다. 무조건 장기대출을 선택해 놓고 중간에 돈이 생겨 대출을 갚게 된다면, 대출금 중도상환에 따른 수수료를 부담해야 하기 때문이다.

돈 생기면 무조건 대출금부터 갚아라

투자상품이 아닌 다음에야 일반적으로 예금금리보다 대출금리가 더 높다. 겉으로 보기에는 비슷한 수준으로 보일지 몰라도 그 차이는 크다. 대출이자는 매월 지출해야 한다. 하지만 예금이자를 받는 것은 만기시점이다. 그것도 세금을 떼고 받기 때문에 예금이자는 훨씬 줄어들게 된다. 바람직한 은퇴준비를 위해서는 대출금을 갚기 위해 저축하는 것보다 여유자금이 생길 때마다 조금씩 갚아 나가는 것이 더 효과적이다.

이 책에서 나는 여러 차례에 걸쳐 내 집 마련의 중요성을 강조했다. 행복한 은퇴생활을 위해 그 준비의 첫걸음은 내 집 마련이 되어야 한다. 저금리 시대에는 대출전략만 잘 세워도 저비용으로 내 집 마련을 앞당길 수 있다. 내 집 마련은 매년 올라가는 전셋값 상승의 불안에서 벗어날 수 있게 해준다. 또한 전세대출보다 주택마련대출의 금리가 싸기 때문에 주거비용도 절감할 수 있다. 문제는 대출금에 대한 부담감을 버려야 한다는 것이다. 주택구입자금을 전부를 모아 집 장만하기는 힘들다는 것을 인정하자.

한편, 내 집 마련에 나서는 실수요자들은 여러 가지 저울질을 많이 한다. 특히 매수시점에 대해 고민을 많이 할 것이다. 하지만 매수시점이 꼭 그렇게 중요하지는 않다. 오히려 매수시점보다는 살면서 가격이 오르는 미래가치가 있는 좋은 아파트를 골라 매수하는 것이 중요하다.

또한 아무리 저금리 시대라 해도 자신의 소득에 걸맞지 않게 무리하게 내 집 마련하는 것은 안 된다. 무리한 대출은 분명 가계경제에 위협이 될 수 있다. 월소득의 30% 이내에서 대출원리금을 상환할 수 있어야 한다. 특히 대출을 끼고 집 장만을 하는 경우에는 기존 생활을 유지하면서 저축까지 하기에는 다소 무리가 따를 수 있다. 그렇기 때문에 허리띠를 더 꽉 졸라맬 각오가 되어 있어야 한다.

내 집 마련! 부족한 자금은 대출을 받아 도전하라. 은퇴준비! 아무것도 없어 할 수 없다고만 생각하지 말라. 아무리 절박한 현실이라 해도 할 수 있다는 자신감이 있으면 방법은 찾을 수 있다.

 **디딤돌 대출** 무주택 서민을 위해 저리로 지원하는 주택구입자금(정책모기지)이 국민주택기금으로 통합돼 운영된다. 자격조건은 부부합산 연소득이 6,000만 원 미만이며, 적용금리는 2.8~3.6%이다. 다만 생애 최초 구입자는 부부합산 연소득이 7,000만 원 미만이며, 적용금리는 0.2%를 감면받을 수 있다.

자영업자여, 사업장 주변부터 눈여겨보라

방배동에 사는 K씨(68세).

그녀는 자식들을 공부시키기 위해 1970년에 충청도 시골에서 서울로 올라왔다. 당시 먹고살아야 했기에 여름철에는 막내아들을 들쳐 업고 서울역에서 좌판을 깔고 과일 행상을 했다. 또한 겨울철이 되면 남편과 함께 하루 종일 힘든 연탄배달을 했다. 제때 끼니를 챙겨먹을 겨를도 없었다. 점심은 건너뛰기 일쑤였고, 저녁은 대부분 라면으로 때워 가며 종잣돈을 모았다. 그렇게 5년 이상을 꾸준하게 막노동을 해 가며 열심히 살다 보니 그녀에게도 좋은 일이 찾아왔다. 동네에 전세금이 싼 점포를 얻어 구멍가게를 할 수 있는 기회가 찾아온 것이다. K씨 부부는 힘이 들었어도 연탄장사와 구멍가게를 같이 했다. 고생한 만큼 돈도 더 벌게 되었다. 단골고객이 늘어나면서 구멍가게는 생각보다 장사가 잘 되었다. 하지만 장소가 비좁아 가게를 조금이라도 넓히면 좋겠다는 생각이 간절했다. 그녀는 6개월가량 궁리 끝에 동네 목 좋은 곳의 땅(나대지)을 매입해 3층짜리 상가주택을 짓기로 마음먹었다. 당연히 1층은 가게로 사용하고, 2층은 살림집으로, 3층은 전세를 놓을 계획을 세웠다.

1980년, 그녀는 땅(165.28m^2, 3.3m^2당 50만 원)을 2,500만 원에 매입해 3층짜리 상가주택을 지었다. 물론 대출도 어렵게 900만 원이나 받았다. 전셋돈이 부족해 달동네를 전전하며 이사를 다녔을 때와는 너무 달랐다. 내 집, 내 사업장이 있다는 것이 이렇게 행복한 것인 줄 몰랐다. 시골에서 상경해 10년 동안 굶주려 가며 고생한 것들에 대한 보상이라 생각했다. 어느덧 장사도 규모가 커져 구멍가게에서 슈퍼마켓으로 바뀌었다. 그 바람에 연탄장사는 손을 놓게 되었다.

그녀에게는 돈 버는 것, 아이들 키우는 것이 전부였다. 자식들도 하나같이 삐뚤어지지 않고 훌륭하게 잘 커 줬다. 큰아들과 막내아들은 고등학교 선생님이 되었고, 둘째는 대기업에, 셋째는 중소기업에 다니고 있다. 이렇게 평생을 장사하고 아이들 키우는 데만 미쳐서 살았다. 그런데 먹고살 만하니까 남편이 병으로 세상을 떠났다. 그녀는 남편 없이 혼자서 슈퍼마켓을 감당할 수는 없었기에 정리를 하기로 했다. 당시가 50대 후반이었다.

일을 정리할 때까지도 K씨는 자신이 은퇴준비가 잘 되었는지 아닌지조차도 몰랐다. 당연한 얘기지만 자영업자였기에 국민연금에 가입할 생각은 해 보지도 못했다. 하지만 문제없다. 그녀는 자신도 모르는 사이 완벽하게 은퇴준비를 끝마쳤던 것이다. 그녀는 1층 사업장을 4개로 나눠 세를 놓고 있다. 2층은 자신이 사용하고 있으며, 3층은 여전히 월세를 놓고 있다. 상가주택에서 매월 600만 원의 월세를 받고 있다. 현재 생활비는 물론이고 병원비까지 충당하기에 부족함이 없는 상태이다. 여기에 당시 평당 50만 원에 매입했던 것이 지금은 평당 5,000만 원~6,000만 원 정도의 시세를 보이고 있다. 30년 동안 자본수익만 100배가 넘게 오른 것이다. 당시 먹고살기 위해 준비했던 상가주택! 슈퍼마켓을 하고, 살림집으로 사용하던 그 자체가 은퇴준비를 해 놓은 셈이 된 것이다.

은퇴시기가 딱히 정해진 사람은 없다. 정년이 보장되는 직업에 종사한다 해도 앞일은 알 수 없는 법. 일을 할 수 없을 때가 은퇴하게 되는 시기다. 60~70세가 넘어서까지 일을 할 수도 있지만, 50세도 채 안 돼서 조기 은퇴를 하는 경우도 많다. 당연히 그 위험은 월급쟁이보다 자영업자에게 더 크다. 그럼에도 월급쟁이보다 자영업자의 경우가 은퇴준비가 더 부족한 편이다. 그나마 월급쟁이인 경우에는 국민연금법에 의해 의무적으로 국민연금에 들고 또 퇴직연금법에 의한 퇴직연금도 함께 가입하게 함으로써 조금이나마 은퇴준비를 할 수 있다. 물론 국민연금 가입대상은 국내에 거주하는 18세 이상 60세 미만의 국민이다. 하지만 자영업자인 경우에는 자신이 관심을 갖고 국민연금이나 퇴직연금에 가입하지 않는 한, 아무것도 준비해 놓지 못한 채 은퇴하는 경우가 많다. 당연히 국민연금도 퇴직연금도 기대할 수 없다. 따라서 자영업자인 경우에는 은퇴준비에 더욱 각별히 신경 써야 한다.

희망은 있다. 자영업자의 은퇴준비, 기회는 많다. 우선 사업이 잘 되는 곳에 사업장을 임대해서 쓰고 있다면 사업장을 눈여겨 볼 필요가 있다. 해당 사업장을 임차해 쓰지 말고 투자하는 것을 적극 고려해 봐야 한다. 특히 장사가 잘 되는 곳은 상가의 미래가치가 좋은 곳이 많기 때문이다. 종잣돈이 부족하다면 당연히 대출을 끼고 사업장에 투자하라. 이것은 상가에 대한 월세를 내는 것보다 대출 이자가 더 싸서 비용을 줄일 수 있기 때문이다. 이렇게 자신 소유의 튼튼한 사업장만 갖고 있어도 은퇴준비는 끝난 셈이다.

한편 자영업자는 매출의 불확실성 때문에 종잣돈을 모으기가 쉽지 않다. 저축된 종잣돈이 있다 해도 은퇴준비는 뒷전이고 사업자금에 투입하기 바쁘다. 게다가 만에 하나라도 사업상 부도가 나는 경우에는 저축해 놓은 종잣돈이 압류당할 위험도 있다. 종잣돈은 푼돈을 가지고 모으는 것이라는 점을 다시 강조한다. 따라서 자영업자의 사업상의 위험성을 제거해 줄 수 있는 중소기업중앙회 운영의 금융상품(노란우산공제)으로 은퇴준비를 시작하는 것도 방법이다. 은퇴준비는 무리라고 우는소리부터 하지 마라. 열심히 살고 있다면 분명 주변에 당신의 은퇴준비를 도와줄 파랑새가 있다는 사실을 알아라. 그 파랑새는 멀리 있지 않다. 주변을 살펴보고 또 살펴봐라. 그리고 사업장에 투자하라. 당신도 행복한 은퇴생활을 하고 싶다면, 지금 당장 시도해 보라.

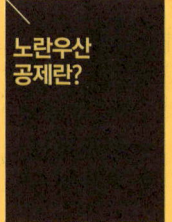

자영업자(소상공인)가 폐업이나 은퇴 이후의 생계 위협으로부터 생활안정 및 사업재기의 기회를 제공받을 수 있도록 자영업자(사업주)의 퇴직금 마련을 위해 마련된 저축 수단이다. 이 부금은 중소기업중앙회가 관리 운영하게 된다. 그리고 압류대상에서 금지되어 있어 부도 등 사업 실패 시에도 법으로 보호받을 수 있다. 또한 연 300만 원의 추가 소득공제로 최고 125만 원까지 절세가 가능하다. 매월 납입할 수 있는 금액은 5만 원부터 70만 원까지이다. 가입기간은 10년이며, 중도해지도 가능하다.

종잣돈 부족하다면
소형 아파트가 해답

경기도 구리에 사는 K씨(46세).

그는 선친으로부터 상속받은 도곡동의 L아파트($84.99m^2$)에서 살았었다. 하지만 강남에 살기가 버거웠다. 월급만 가지고는 무럭무럭 커 가는 자식들 키우며 생활비로만 쓰기에도 빠듯했기 때문이다. 은퇴준비까지 할 여력이 전혀 없었다. 노후를 생각하면 갑갑하기만 할 뿐, 아무리 궁리를 해 봐도 뾰족한 방법이 떠오르지 않았다. 그런데 어느 날 "여보, 지금 집을 줄여서 은퇴준비를 시작하면 어떨까?"라는 아내의 말 한 마디가 K씨를 움직였다. K씨는 아내의 의견에 대한 확실한 해답을 찾기 위해 나에게 두 가지 자문을 해 왔다.

첫째, 아파트를 처분해 은퇴준비를 하는 것이 과연 올바른 것인가?

둘째, 은퇴준비를 위해서는 어떻게 자산관리를 위한 투자를 해야 하는가?

결론부터 얘기하면, K씨의 가족은 지금까지 강남 지역의 우수한 편의시설에 길들여져 있었다. 하지만 행복한 은퇴생활을 준비하기 위해 초콜릿 같이 달콤하고 편리한 생활은 잠시 접어 둘 필요가 있는 법, 부부의 결정은 매우 잘한 것이었다.

어떠한 종류의 부동산을 막론하고 미래가치가 보이지 않으면 과감히 처분해야 한다. 머뭇거리지 말라. 곧바로 자본수익과 임대수익이 풍부하게 나오는 수익성 부동산으로 갈아타는 것이 맞다. 또한 아파트 한 채가 전부인 경우에도 미래가치가 없다면 처분하여 몸집을 줄여서 투자에 나서야 한다. 이때 수익성 부동산에 대해 잘 모르는 경우에는 소형 아파트에 투자하는 것이 좋다.

2009년 여름, 드디어 K씨는 살고 있던 아파트를 12억 1,000만 원에 처분했다. 그리고 구리에 있는 G아파트($106.4m^2$)에 전세(보증금 2억 7,000만 원)를 얻어 이사했다. 당시 아파트 가격이 떨어지고 있는 추세여서 당분간 전세를 살 생각이었다. 처음에는 불안했다. 은퇴준비를 위해 부모님께서 물려주신 아파트를 처분했기에 마음을 독하게 먹었다. K씨는 자문받은 대로 실행에 옮기면서 임대수요가 많은 지역의 소형 아파트 투자에 몰두했다. 주말이면 오피스가 몰려 있는 강남 일대의 지하철역 주변지역부터 샅샅이 뒤지며

3개월 동안 다녔다. 이렇게 발품을 팔고 다닌 덕분에 논현동에 위치한 S아파트(35.73m^2, 시세 2억 6,000만 원)를 발견했다. 월세(보증금 1,000만 원)는 100만 원~120만 원 수준이었다. 임대수익률은 4.8~5.7% 정도 나왔다. 그는 일주일을 고민하다 결국 투자했다. 소유권이전과 동시에 곧바로 월세를 놓았다. 매월 통장에 찍히는 100만 원의 임대수입이 적은 돈은 아니었다. 그리고 2010년, 드디어 두 번째 소형 아파트인 삼성동에 있는 H아파트(26.45m^2, 시세 3억 2,000만 원)에 투자해서 월세(보증금 3,000만 원, 월 150만 원)를 놓고 있다. 수익률은 6.2%가 나오고 있다.

이렇게 은퇴준비를 시작한 K씨, 요즘 행복한 직장생활을 하고 있다. 그는 은퇴준비를 시작할 때만 해도 불안했었다. 실제로 편안하게 살고 있던 아파트를 처분해 은퇴준비를 한다는 것이 쉬운 결정은 아니었다. 하지만 지금은 소형 아파트 두 채에서 매월 250만 원의 임대수입이 들어온다. 이 돈은 10년짜리 연금에 가입해 두었다. 57세부터 연금(매월 147만 원, 종신 예상)을 받을 수 있게 준비해 둔 것이다. 여기에 국민연금(130만 원, 종신 예상)도 있다. 특히 임대하고 있는 소형 아파트를 처분하지 않는 한 임대수익(250만 원, 종신 예상)도 받을 수 있다. 이것들을 모두 감안하면 매월 500만 원 이상의 수입이 생기게 되는 셈이다. 현재의 월급(400만 원)보다 많다. 더 중요한 것은 현재의 S아파트(시세 3억 5,000만 원)와 H아파트(시세

4억 3,000만 원)의 매매시세를 감안하면 2억 원 정도의 자본수익까지도 올리고 있다는 점이다. 게다가 아직 2억 5,000만 원 정도는 현금자산으로 가지고 있다.

소형 아파트로 은퇴준비를 시작하는 것은 소액투자가 가능하다는 장점 때문에 아주 바람직하다. 게다가 오피스텔에 비해 수익성 부동산으로 손색이 없다. 여기에 다른 부동산에 비해 관리비용이 적게 들어간다는 것도 큰 장점이다. 소형 아파트는 실속투자의 대명사이다. 또한 규모가 작을수록 자금 부담이 줄어들며, 자본수익과 임대수익 모두 중대형 아파트보다 좋다. 대출금을 적절하게 이용하면 소액으로도 투자가 가능하다. 따라서 종잣돈이 부족한 사람들에게는 소형 아파트가 답이다. 미래가치 있는 소형 아파트를 잘 고르기 위해서는 살펴볼 것들이 있다.

〝경매로 시세보다 더 싸게 사라〞

소형 아파트는 경매로 사는 것이 가장 싸게 사는 방법이다. 또한 경매가 아닌 방법으로는 급매 또는 매수 수요가 줄어드는 여름철 비수기를 이용해 투자하는 것이 좋다.

〝 전세가격의 비율이 60% 이상 되는 지역을 노려라 〞

매매시세 대비 전세가격의 비율이 높으면, 전월세 수요가 많은 지역이다. 이는 임대수익을 극대화시킬 수 있으며, 공실률의 위험도 줄일 수 있다는 말이다.

〝 교통환경을 살펴라 〞

수형 아파트의 세입자는 주로 미혼의 직장인들이 다수를 이룬다. 최근 들어 1인세대의 증가로 수요가 꾸준히 늘어나고 있으며, 이들은 대중교통을 이용해 출퇴근에 편리한 지역을 선택한다는 점을 명심하라.

〝 도심의 오피스 주변지역을 노려라 〞

도심의 업무시설이 밀집해 있는 지역의 경우에는 소형 아파트의 대기수요자가 풍부하다. 주로 강남대로, 테헤란로 주변지역이 좋으며, 광화문 주변지역도 꾸준한 수요가 있는 곳이다.

💬 새 아파트를 노려라

새롭게 분양되는 아파트는 기존의 아파트보다 진화되고 있다. 아파트 마감재도 인체에 무해한 친환경 자재를 사용하고 있으며, 커뮤니티(헬스, 수영, 골프, 사우나 등) 시설 등이 설치되고 있어 수요자에게 호평을 받고 있다.

은퇴부자가 되는 사람들은 자신의 현실을 정확히 파악해 자산을 재구성한다. 이들은 종잣돈이 있어야만 은퇴준비를 시작하는 것이라고 생각하지 않는다. 또한 행복한 은퇴생활을 위해 현재의 편리함은 과감하게 포기할 줄도 안다. 가지고 있는 것을 버리면서 더 좋은 미래의 행복 티켓을 산다.

3억 원으로 빌딩투자할 수 있다, 섹션오피스만 안다면

증권회사에 다니는 S씨(37세).

그는 증권회사에 다니지만 절대로 주식투자는 하지 않는다. 동료 직원들이 주식으로 몇 천만 원씩 벌었다고 해도 쳐다보지도 않았다. 왜냐하면 결혼할 때 아내하고 한 약속을 지키기 위해서이다. 그는 결혼 전 월급과 보너스를 주식으로 거의 다 날려 버렸던 뼈아픈 경험이 있다. 종잣돈은 고사하고 마이너스 통장(5,000만 원)밖에 없었다. 그들은 같은 회사에 다니고 있었기 때문에 지금의 아내는 S씨의 경제사정을 잘 알고 있었다. 그래서 결혼하면서 주식투자 금지를 약속받은 것이었다.

S씨는 결혼 후 집과 회사만을 오가며 종잣돈 마련에 주력했다. 당연히 그때까지만 해도 자산관리는 주식투자로만 하는 것으로 알았

다. 그런데 우연히 퇴근길에 중개업소 유리창에 내걸린 부동산매물 정보를 보고 마음이 끌리게 되었다. 소액으로 빌딩부자가 될 수 있다는 문구였다. 처음에는 긴가민가했지만 혹시나 하는 생각으로 부동산 서적을 읽으며 공부하기 시작했다. 그럴수록 투자의 새로운 세계를 보는 듯했다. 그 후로 S씨는 점심시간을 이용해 주변의 중개업소에도 자주 들락거렸다. 회사가 강남대로 빌딩숲에 위치하고 있었기에 더 많은 관심을 갖게 되었다. 덕분에 친하게 지내는 공인중개사도 생겼다. 주식투자는 정말 싫어했던 아내도 부동산에 관심을 갖는 것에 대해서는 응원해 주었다.

2013년, S씨는 평소 들락거리던 중개업소로부터 결정적인 정보를 듣게 되었다. 빌딩에 자기자본 3억 원 정도만 투자해 보라는 것이었다. 강남에 위치한 분양면적 203m^2의 C빌딩이었다. 16층에 구분 등기된 두 개 호수의 오피스 물건이었다. 매매가격은 6억 5,000만 원에 월세(보증금 4,000만 원)는 매월 370만 원 정도 나왔다. 임대수익률은 거의 7.2% 수준이었다. 또 주변의 빌딩 매매시세는 3.3m^2당 1,500만 원 수준인 데 반해 이 물건은 960만 원으로 싼 편이었다. 말 그대로 급매물이었다. 그렇다고 임차인에 대해서도 걱정할 필요가 없었다. 대기업뿐만 아니라 글로벌 기업들이 임차하고 있어 매우 안정적이었다.

S씨는 전문가에게 자문을 구하고, 아내와 상의 끝에 대출(3억 5,000만 원)을 끼고 빌딩의 오피스에 투자했다. 지금은 대출이자 (112만 원)를 내고도 매월 250만 원의 임대수익을 올리고 있다. S씨는 출퇴근을 하면서 항상 자기 소유 빌딩을 보면서 다닌다. 그는 내 집 마련할 종잣돈으로 '섹션오피스' 빌딩에 투자했지만, 전혀 후회하지 않는다. 요즘은 종잣돈 모으는 속도가 모터를 달아놓은 것처럼 매우 빨라졌기 때문이다.

  이처럼 은퇴준비는 다양한 종류의 부동산으로 할 수 있다. 커다란 오피스 빌딩에 어느 누가 감히 투자를 할 수 있을 것이라고 생각할까? 그렇다. 아무나 투자할 수 있는 것은 아니다. 섹션오피스 빌딩은 관심이 있는 사람들에게만 보이는 것이다. 그리고 그들만이 투자할 수 있다. 투자금액에 대한 진입장벽이 낮기 때문에 소액투자가 가능한 장점까지 지닌 섹션오피스, 관심 갖지 않을 이유가 없다.

  일반적으로 상가건물에 투자하는 경우에는 움직이지 않는 상권을 골라 투자하면 된다. 하지만 빌딩에 투자하는 것은 좀 다르다. 더군다나 큰 규모의 오피스 빌딩 전체가 아닌 섹션오피스에 투자할 때 다음과 같은 주의사항을 지켜야 한다.

❝ **첫째,**
임대수요가 많은 곳이 좋다 ❞

　　임대수요는 나 홀로 오피스 빌딩보다 오피스 밀집지역에 위치한 빌딩에 더 몰린다. 왜냐하면 관련 업종 간의 시너지효과를 위해 한 지역에 모여들기 때문이다. 중소기업이나 벤처기업들이 모여 있는 오피스 빌딩보다는 대기업이나 글로벌기업이 모여 있는 오피스 빌딩을 선택하는 것이 좋다.

❝ **둘째,**
공실위험이 없어야 한다 ❞

　　소액 테마상가에 투자했다가 손해를 당하는 경우가 바로 공실위험이다. 섹션오피스 빌딩에 투자하는 것도 마찬가지다. 당연히 투자 대상 오피스 빌딩에는 공실이 없어야 한다. 여기에 주변지역의 오피스 빌딩 공실도 확인해 볼 필요가 있다. 왜냐하면 주변 오피스 빌딩에 공실이 생기기 시작하면 임대료가 하락할 위험성이 크기 때문이다.

❝ **셋째,**
전용면적을 살펴라 ❞

　　섹션오피스 빌딩은 전용면적(전용공간)과 공용면적(공동사용공간)

으로 이루어져 있으며, 이것을 합친 것이 분양면적이다. 그런데 전용면적이 분양면적의 50% 수준밖에 안 되는 곳도 있다. 이것은 공용면적이 전용면적보다 많다는 얘기다. 실용성이 없으며 관리비만 많이 내는 꼴이다. 적어도 전용면적은 분양면적의 60% 이상 되는 것이 좋다.

은퇴부자가 되는 사람들을 보면, 은퇴와 동시에 부자가 되는 사람은 거의 없다. 꾸준하게 은퇴준비를 위해 노력하는 사람만이 행복한 은퇴부자가 되는 것이다. 시장에 수익성 상가로 포장되어 있는 것은 많다. 테마상가를 비롯해 아파트상가, 주상복합상가, 복합테마상가 등이 그것이다. 하지만 여기에 투자했다가 손해를 당하는 사람들이 의외로 많다. 또한 소액으로도 투자가 가능하기 때문에 상가의 특성을 모르고 투자에 나서는 서민들까지 손해를 당하기 일쑤다. 그러나 섹션오피스 빌딩에 투자하는 것은 좀 다르다. 우선 매물이 적고 귀하기 때문에 웬만한 투자자들은 잘 모른다. 여기에 임대수익률도 다른 상가에 비해 1~2%가량 높기 때문에 소리 소문도 없이 매매거래가 이루어진다. 따라서 섹션오피스에 투자하기 위해서는 이들이 밀집되어 있는 지역의 중개업소에 문지방이 닳도록 들락거려야 한다.

쓸데없는 부동산에 투자하지 말고 섹션오피스에 관심을 가져 보

라. 골프회원권이나 콘도에는 절대 투자하지 말라. 투자기간이 100년 이상 걸리는 땅도 거들떠보지 말라. 이들로부터는 결코 당신이 은퇴 후 어려움에 처했을 때 도움을 받을 수 없을 것이다. 행복한 은퇴부자가 되고 싶다면 소액 섹션오피스 빌딩에 투자해 빌딩부자가 되어라!

때론 경매 기피물건에 길이 있다

B기업에 다니는 P씨(44세).

그는 겉으로 보기에는 대기업에 다니지만, 사실은 계약직으로 일하고 있다. 언제 잘릴지 모르는 신세다. 당연히 월급도 쥐꼬리만큼 받고 있다. 하지만 일찌감치 은퇴준비를 시작한 덕분에 경제적으로는 남부러울 것이 없는 사람이다. 바로 경매로 노후준비를 끝마쳤기 때문이다. 그는 1년이 넘는 시간을 경매 공부하는 데 매달렸다. 퇴근 후에도 집으로 가지 않고 A대학 평생교육원으로 출근했다. 처음에는 경매 용어가 어려워서 도통 알아들을 수가 없었다. 모르는 것은 질문을 반복해 가면서 자기 것으로 만들어 나갔다. 그런데 경매물건에는 기피물건이라는 것이 있었다. 즉, 권리관계가 복잡해 아무도 거들떠보지 않아 서너 차례씩 유찰된 물건들이었다. 전부는 아니지만 잘만 고르면 돈이 되는 물건들도 있다는 얘기를 들었다. P씨는 이제 특별한 것에 도전해 보고 싶었다. 그래서 유찰 횟수가 많은 다가구주택에 관심을 가졌다. 이러한 경매 물건은 대항력이 있어 보이는 세입자만 잘 해결하면 높은 자본수익을 보장받을 수 있기 때문이다.

2011년, P씨는 경매에 도전장을 냈다. 천호동에 있는 지하 1층, 지상 2층짜리 단독주택(대지 303m^2, 법원감정가 3억 5,000만 원)이 3차(1억 7,920만 원)까지 유찰되어 있었다. 권리관계는 그렇게 복잡하지 않았다. 근저당권 3건에 가압류 2건, 압류 5건이 전부였다. 공시된 권리는 모두 경매로 소멸되는 것들이었다. 물론 이들 권리관계 때문에 유찰된 것은 아니었다. 바로 대항력이 있어 보이는 세입자 때문에 3차까지 유찰된 것이었다. 세입자는 지하 2가구, 지상 1층 2가구로 모두 4가구였다. 지상 2층에는 소유자가 거주하고 있었다. 하지만 1층에 거주하고 있는 세입자는 모두 대항력을 갖추고 있었다. 즉, 기준권리인 근저당권보다 먼저 전입신고와 함께 확정일자까지 갖추고 있었다. 겉으로 보기에 분명한 것은 대항력 있는 A세입자의 전세보증금(9,000만 원)과 B세입자의 전세보증금(7,000만 원)은 매수자가 부담해야 하는 권리라는 것이었다.

세입자의 대항력에 대해 좀 더 자세하게 권리분석을 해보았다.

A세입자는 배당요구를 해 놓은 상태였다. 1순위 근저당권보다 우선해서 배당을 받을 수 있었다. 또한 B세입자는 대항력은 있었지만, 경매개시 결정 이후 이사를 가서 현재는 거주하고 있지 않았다. 물론 B세입자의 임차권등기도 없었다. 대항력이 있는 세입자가 보호받기 위해서는 경매가 진행되는 중간에 다른 곳으로 이사를 가는 경우에는 대항력이 상실된다. 따라서 반드시 매수자가 대금납부를 할 때까지 거주해야 대항력을 인정받아 전세보증금을 안전하게 지킬 수 있다. 결국 A, B 세입자의 경우 매수인이 전세보증금을 부담하시 않아도 되는 것이었디.

이렇게 P씨는 대항력 있는 세입자를 따져 본 후, 주변지역에 나가 이것저것을 살펴봤다. 중개업소에 따르면 다가구주택의 시세는 3억~3억 5,000만 원 선이라고 했다. 여기에 다섯 가구 모두 월세를 놓으면, 적어도 보증금 1억~1억 5,000만 원에 매월 400만 원 정도의 월세를 받을 수 있을 것이라고 했다. 주거환경은 양호해 보였다. 단독주택이 밀집한 조용한 주택가였으며, 교통환경은 지하철역까지 도보로 3분 거리에 위치해 있었다. 게다가 주변에 대형 백화점을 비롯해 재래시장과 초중고등학교가 있어 세입자가 선호하는 지역이었다. 수익성 건물로 임대하는 데 전혀 빠지지 않는 여건을 가지고 있었다.

결국 P씨는 4차에서 2억 1,000만 원에 낙찰받는 데 성공했다. 그리고 대금납부와 동시에 대항력 없는 세입자들에게는 인도명령까지 신청했다. 소유권이전등기를 마치고 난 후 대항력이 있는 A세입자는 전세보증금 전액을 배당받았다. 명도에 전혀 문제가 없었다. B세입자는 이미 이사를 한 상태였기 때문에 별도로 신경 쓸 필요도 없었다. 지하에 거주하던 세입자에게는 이사비용 500만 원씩 주고 명도를 마무리했다. 현재 다가구주택의 시세만 5억 원을 호가하고 있다. 매월 받고 있는 월세 400만 원을 제외하고, 투자금액 대비 2배 정도의 자본수익을 올리고 있다. P씨는 은퇴준비가 여기서 끝났다고는 생각하지 않는다. 은퇴하기 전까지 경매물건에 투자해 매월 1,000만 원 정도 임대수익이 나올 수 있게 만들어 놓는 것이 그의 꿈이다.

이처럼 은퇴부자가 되는 사람들은 다른 사람들이 관심조차 두지 않는 기피물건을 잘 요리해서 자본수익과 임대수익을 올린다. 경매에 있어 매수인이 대항력이 있는 세입자의 전세보증금을 전부 부담해야 하는 것은 아니다. 세입자가 요건을 갖추고, 배당요구종기까지 배당요구를 했다면 배당자원에서 전세보증금을 배당받기 때문이다. 대항력을 갖춘 세입자의 경우라도 경매가 진행되고 있는 도중에 임차권등기를 해 놓지 않고 이사를 간다면 대항력을 주장할 수 없다는 사실을 알았기 때문이다. 이렇게 P씨가 경매에 성공할 수 있었던 것은 대항력 있는 세입자에 대해 철저하게 공부한 덕분이었다.

한편, 경매에 있어 매수자가 가장 조심해야 하는 세입자들도 있다. 이들 세입자의 전세보증금은 무조건 매수자가 부담해야 하기 때문이다.

첫째, 전입신고만 되어 있는 경우이다. 기준권리보다 먼저 전입신고가 되어 있어 대항력을 갖춰 놓은 경우에는 조심해야 한다. 이때는 확정일자가 없어 배당요구를 할 수 없다. 따라서 매수자가 전세보증금 전액을 부담해야 한다.

둘째, 전입신고와 확정일자가 되어 있는 경우이다. 기준권리보다 먼저 전입신고가 되어 있어 대항력을 갖춰 놓았지만, 확정일자가 기준권리보다 늦는 경우이다. 이때는 당연히 배당요구를 할 수 있다. 하지만 배당순위는 기준권리(1순위 근저당권)보다 후순위로 밀려나게 된다. 이때 전세보증금을 일부라도 배당받지 못하면 매수자가 나머지를 못 받는 전세보증금은 부담해야 한다.

셋째, 전입신고와 확정일자가 같은 날짜에 되어 있는 경우이다. 기준권리보다 먼저 전입신고와 확정일자는 되어 있지만, 배당요구 종기까지 배당요구를 하지 않았거나, 배당요구종기일 이후에 배당요구를 한 경우이다. 당연히 세입자는 전세보증금을 배당받을 수 없으며, 매수자가 전세보증금 전액을 부담해야 한다.

은퇴부자가 되는 사람들은 다른 사람들이 잘 가지 않는 길을 간다. 왜냐하면 다른 사람들과 똑같이 하면 노력에 비해 별로 얻을 것이 없기 때문이다. 그 길이 비록 험하고 힘들어도 묵묵히 도전한다. 경매는 은퇴준비의 수단으로 최고의 방법이다. 또한 경매로 은퇴준비의 효과를 극대화시키기 위해서는 남들이 거들떠보지도 않는 물건에 도전하는 것이야말로 최고의 지름길이 될 수 있다.

무섭다고 피하지 말라. 기피물건이라고 해서 흘려 버리는 습관도 버려라. 《중용 中庸》에 '도불원인 道不遠人'이란 말이 있다. 길은 산속에 있지 않다는 뜻이다. 은퇴부자가 되는 것, 그 길은 먼 곳에 있는 것이 아니다. 손을 뻗으면 닿을 수 있는 하루하루의 삶 속에 있다. 당신이 관심을 가지고 있는 경매, 다른 사람들이 거들떠보지 않는 물건에서 답을 찾아라.

세입자가 대항력을 갖추기 위해서는 선순위 권리(근저당권 등)가 생기기 전에 전입신고를 마쳐야 한다. 임대차계약의 경우에는 그 등기가 없는 경우에도 임차인이 주택의 인도와 주민등록(전입신고)을 마친 때에는 그 다음 날부터 제3자에 대하여 효력이 생기게 된다. 이것을 대항력이라고 한다(주택임대차보호법 제3조 참조). 이렇게 세입자가 대항력을 갖춰 놓게 되면 매수자가 임차보증금은 부담할 수도 있다.

전원생활 꿈꾼다면
집짓기 전에 전세부터 살아보라

대기업 부장으로 퇴직한 T씨(56세).

그는 퇴직하기 3년 전부터 은퇴준비를 하고 있었다. 다행히 친구들보다 결혼을 일찍 한 편이어서 두 명의 자녀들은 출가를 시켰다. 은퇴 후까지 경제적으로 자식들 뒷바라지할 걱정은 없는 셈이다. T씨가 꿈꾸는 은퇴생활은 아내와 함께 전원생활을 하는 것이다. 아내의 건강을 위해 서울생활을 완전히 정리하고 전원주택에 살 계획을 짜 두었다. 그래서 주말이면 전원생활의 최고의 입지를 찾기 위해 강원도를 비롯해 충청도와 경기도 일대를 누비고 다녔다. 물론 농사도 조금씩 지을 생각이다. 처음 해 보는 농사가 쉽지는 않겠지만, 은퇴생활에 긍정적인 에너지를 줄 수 있을 것이라고 생각하기 때문이다. 그런데 정작 T씨의 아내는 생각이 달랐다. 서울을 떠나기보다 오히려 편리한 아파트에 살기를 희망하고 있었다.

2011년, T씨는 아내의 생각과는 다르게 충청도에 전원주택을 짓고 농사지을 땅(전, 3,300㎡)을 공시지가보다 약간 비싸게 투자(2억 8,000만 원)했다. 하지만 은퇴 후에도 아내의 반대 때문에 전원주택은 짓지 않았다. 다만 전셋집을 얻어놓고 주중에 오가면서 농사일을 배우고 있다.

그런데 전원생활이라는 것이 생각만큼 풍요롭거나 환상적인 것은 아니었다. 이제는 적응이 좀 되었다지만 처음에는 여러 모로 애를 먹었다. 전원생활은 자신과의 싸움이었다. 그리고 외로움 즉 고독과의 전쟁이었다. 사람들이 제일 그리웠다. 친구들과 길거리에 오가는 사람들, 서울의 문화에 대한 향수가 외로움을 충동질했다. 그동안 T씨는 아름다운 인생 제2막을 시작하는 데 있어서 가장 우선순위를 전원주택을 짓는 일이라고 생각했었다. 하지만 지금은 무작정 전원주택을 짓는 것이 능사는 아니라는 것을 깨달았다.

은퇴하면 공기 좋은 곳에 내려가 깨끗한 물 마시며 살아야겠다는 막연한 생각은 어쩌면 환상에 불과하다. 전원생활을 계획하는 은퇴준비도 재테크와 마찬가지로 성급함이 앞서서는 절대로 안 된다. 물론 잘만 설계하면 1석3조의 효과를 누릴 수 있다. 우선 도시생활에서 경험해 보지 못했던 시골생활을 통해 심신을 건강하게 관리할 수 있다. 또한 땅(농지)을 가지고 농지연금을 받을 수도 있다. 여기에 농사를 지어 소득까지 올릴 수 있다. 그러나 일단 전원생활을 계획할 때 꼭 염두에 두어야 할 최소한의 3가지는 알아두면 좋겠다.

> **첫째,
> 3년 정도는 전셋집에 살아라**

은퇴했다고 해서 전원주택부터 짓지 말라. 전원생활에 적응할 때까지 3년 정도는 전셋집에 살아보는 것이 좋다. 전원생활에 적응이 되있다고 확신이 들었을 때, 그때 전원주택을 지어도 늦지 않다. 왜냐하면 외로움과 고독 때문에 적응하지 못하고 도시로 다시 돌아가는 사람들이 의외로 많기 때문이다. 이때 전원주택을 처분하지 못하면 자산관리에 암 덩어리가 될 수 있다. 전원주택을 성급하게 짓지 말아야 하는 이유이다.

> **둘째,
> 농사지으며 에너지를 얻어라**

농사짓는 일, 쉽지는 않다. 그러나 이것이야말로 은퇴생활에 반드시 필요한 건강한 에너지를 얻을 수 있는 최고의 선물이 될 수 있다. 특히 사계절 자연과 벗하며 일할 수 있고 정년퇴직이 없는 평생직장인 셈이다. 농사일이 맞는지 적응부터 해 보라.

셋째, 땅으로 농지연금을 받아라

땅으로 농사만 짓지 말라. 농사도 짓고 연금도 받으라는 얘기다. 농지를 소유하고 있으면, 농지연금을 받을 수 있다. 이때 연금 지급액의 기준이 되는 것은 공시지가이다. 다시 말해 공시지가가 높은 농지일수록 연금수령액이 많아진다.

한편 전원생활에 추천할 만한 으뜸 지역은 단연 도심에서 가까울수록 좋다는 것이다. 예를 들어 서울인 경우에는 1시간 이내 지역을 선택해야 한다. 여기에 자연환경을 비롯해 교통환경과 이에 따른 도로사정도 감안해야 한다. 물론 병원도 고려해야 한다. 다음과 같은 체크리스트를 점검해 보라.

서울에서 1시간 이내가 좋다

일반적으로 서울에서 거리가 가까울수록 땅에 대한 미래가치가 높은 편이다. 서울과 연결되는 고속화도로가 놓여 있는 지역은 전원생활을 하기에 안성맞춤이다. 서울에서 쇼핑이나 문화생활을 즐길 수 있으며, 이로 인해 전원생활에서 나타날 수 있는 고독감을 상쇄할 수 있기 때문이다.

〝 시골을 느낄 수 있어야 한다 〞

전원주택을 선호하는 이유는 도시생활보다는 불편한 점이 많아도 산 좋고 물 좋은 곳에서 맑은 공기 마시며 살고 싶기 때문일 것이다. 따라서 뒤쪽에는 산이 있고, 앞쪽으로는 강이 흐르는 곳, 즉 배산임수 背山臨水 지역의 전원주택을 선택하라. 그러나 꼭 단독주택만 고집할 필요는 없다. 시골지역에 지어지는 전원형 아파트도 고려해 보라.

〝 지대가 높은 곳을 선택하라 〞

마을 전체가 내려다보이는 곳을 선택하면 좋다. 그러나 이런 곳을 찾다 보면 마을과 멀리 떨어지게 되어 지역 주민들과 잘 어울리지 못하는 경우가 생길 수 있다. 따라서 마을과 가까운 거리에서 전망 좋은 지역을 선택하는 것이 좋다.

〝 전원주택 마을을 찾아라 〞

동호인들끼리 전원주택지를 개발하여 만든 동호인 마을을 선택하면 좋다. 예를 들어 취미나 직업이 같은 동호인들이 모여 전원마을을 만드는 것이다. 그림을 좋아하는 화가들이 모여서 만든 화가마을, 의사들이 모여서 만든 의사마을, 같은 직장에 근무하는 동료들이 모여서 만든 A회사마을 등이 그 예이다.

읍내에서 가까운 곳이 좋다

전원생활이라고 해서 마을과 동떨어져 있으면 안 된다. 가급적이면 읍내와 가까울수록 좋다. 그래야 생활필수품은 물론이고, 행정관서의 민원업무 등 그 지역의 편의시설을 이용하기에 편리하다. 특히 종합병원은 아니라 해도 병원과의 거리도 감안하여 전원주택을 선택하라.

전원생활은 '나도 한번 해 볼까' 하는 마음으로 뛰어들어서는 안 된다. 은퇴준비는 자로 잰 듯 치밀하게 실행되어야 한다. 경기도 양평군의 경우 굴뚝산업이 거의 없고 사계절 기후 변화가 뚜렷해 전원주택지로 주목을 받고 있다. 이 때문에 양평으로 전원생활을 하기 위해 전입하는 사람들이 꾸준하게 늘고 있다. 반면 전원생활에 실패해 양평을 떠나가는 사람들도 의외로 많다. 그만큼 전원생활에 적응하기가 힘들다는 얘기다. 따라서 행복한 전원생활을 하기 위해서는 낭만적인 감성과 무조건적인 동경, 그리고 막연한 환상은 버리길 바란다. 전원생활도 엄연히 현실이다. 게다가 전원생활을 위한 땅만 잘 잡아도 은퇴부자가 될 수 있는 길이 열린다. 행복한 은퇴부자가 되기 위해서는 막연함이 아닌 현실에 맞는 체계적인 전원생활에 대한 로드맵부터 세워라.

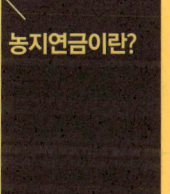

만 65세 이상 농사를 짓는 사람이 소유한 농지를 담보로 노후생활 안정자금을 매월 연금 형식으로 지급받는 것이다. 만약 농지연금을 받던 사람이 사망한 경우에는 배우자가 승계하면 배우자가 사망할 때까지 계속해서 농지연금을 받을 수 있다. 여기에 농지연금을 받으면서 담보농지를 직접 경작하거나 임대할 수 있어 연금 이외의 추가 소득도 얻을 수 있다.

특히 농지연금은 정부예산을 재원으로 하며 정부에서 직접 시행하기 때문에 안정적으로 연금을 지급받을 수 있다. 예를 들어 농지의 공시지가가 2억 원인 경우, 농지연금은 종신토록 매월 76만 원 정도 받을 수 있다(한국농어촌공사 및 농지관리기금법 제10조(사업) 및 제24조의5, 농지를 담보로 한 농업인의 노후생활안정 지원사업 등 참조).

제대로 된 전문가를 찾아라, 시행착오를 줄이리라

미국 시민권자인 U씨(56세).

그는 대학을 졸업하고 1983년 가을, 단돈 100달러만 손에 쥐고 미국으로 건너가 오늘의 경제적 성공을 이루었다. 처음엔 고생도 많았다. 세탁소를 비롯해 슈퍼마켓 등 가게를 전전하며 아르바이트로 생계를 연명했다. 일자리를 구하지 못해 이삼일을 굶은 적도 있고, 눈물 젖은 빵도 숱하게 먹어 봤다. 월세를 내지 못해 쫓겨나 공중화장실에서 밤을 새운 적도 있었다. 이렇게 끝없는 고생 끝에 마침내 안경점에서 시간제 허드렛일을 하게 되었다. 그 지역 안경점 중에서는 제법 규모가 큰 편이었다.

U씨는 한결같이 성실하게 일한 덕분에 미국인 사장의 눈에 쏙 들었다. 마침내 정식직원으로까지 채용되었다. U씨의 미국생활은 점

점 안정을 찾아 갔다. 조금씩 종잣돈도 모을 수 있었다. 물론 결혼해 아들딸 자녀도 두었다. 그는 사장의 신임을 바탕으로 안경점 경영 전반에 관한 일을 배워 나갔다. 다행히 일하는 것이 즐겁고 매우 만족스러웠기에 점차 자기 안경점을 창업해야겠다는 꿈을 갖게 되었다. 그리고 그 꿈을 이루기 위해 휴일근무까지 자청해 가며 더욱 열심히 일을 했다. 그 덕분에 미국인 직원들을 제치고 총지배인까지 오르게 되었다. 생활도 안정되어 갔지만, 그럴수록 U씨는 창업을 심각하게 고민하였다.

그 무렵 U씨에게 아주 좋은 기회가 찾아왔다. 공교롭게도 연세가 많던 사장님이 은퇴를 결심하고 U씨에게 안경점을 인수하라는 제안을 해 온 것이다. 처음엔 귀를 의심했다. 무조건 바로 오케이를 외쳤다. 아내에게 상의할 생각도 못했다. 문제는 안경점을 인수할 돈이 턱없이 부족했다는 것인데, 다행스럽게도 사장님의 도움으로 은행의 대출을 받아 사업을 물려받을 수 있었다.

U씨의 안경점은 쌩쌩 달리기 시작했다. 그만하면 불황도 겪지 않고 잘 운영되는 편이었다. 그는 남대문 시장으로 구매처를 늘렸다. 좀 더 좋은 상품을 낮은 원가로 팔기 위해서였다. 대성공이었다. 안경점을 인수해 미친 듯이 10년 정도 일했더니 대출금도 갚고 어느덧 종잣돈도 모을 수 있었다. U씨의 20년 전 사정과 비교해 보면 분명 성공한 것이었다.

하지만 그에게도 고민은 있었다. 바로 은퇴생활만큼은 고국에서 보내고 싶다는 것이었다. 그런데 미국에는 정원이 딸린 집이 있었을지언정 서울에는 집 한 칸도 없었다. 은퇴준비를 전혀 못하고 있었다. 하지만 나이가 들수록 고향 생각이 간절해져 일단 고향 땅에 투자를 조금 해 보기로 했다. 2007년, 그는 지인으로부터 강원도에 있는 땅(전, 9,919m^2)을 9억 원에 투자하라는 권유를 받았다. 5년 정도만 보유하면 적어도 10배 정도의 자본수익을 올릴 수 있다는 말에 처음에는 솔깃했다. 하지만 그는 땅에 대해 전혀 몰랐기 때문에 전문가에게 자문을 받는 게 좋겠다고 생각했다.

실력 있고 믿을 만한 전문가와 만날 수 있는 방법을 고민하던 중, 비행기 안에서 일간신문을 통해 나의 칼럼을 보고는 수소문 끝에 나에게 자문을 구해 왔다. 그는 다짜고짜 강원도 땅에 대한 미래가치를 질문했다. 그런데 그 땅은 아무리 따져 봐도 한마디로 형편없었다. 산속에 화전민들이 일구어 놓았던 밭이었다. 용도지역은 보전관리지역으로 주변이 개발될 가능성도 전혀 없어 보였다. 투자 보류가 아닌 불가였다. 그는 다행스럽게 생각했다. 이러한 인연으로 그는 서울에 출장을 나오면 꼭 나를 찾아와 은퇴준비에 대한 자문을 이어갔다.

U씨는 전문가와 자주 만나면서 은퇴준비를 위해서는 땅보다 수익성 부동산에 우선적으로 투자하는 것이 좋다는 사실을 깨달았

다. 2009년, 결국 그는 삼성동에 있는 상가건물(102㎡)에 투자(16억 5,000만 원)했다. 임대수익으로 매월 800만 원씩 5년째 받고 있다. U씨는 60세가 되면 미국에 있는 사업을 아들에게 물려주고 서울에서 아내와 함께 은퇴생활을 보낼 생각이다. 앞으로 아파트 한 채만 더 준비하면 은퇴준비는 끝난 셈이다.

이렇듯 시행착오를 거치지 않고 은퇴준비를 하기 위해서는 제대로 된 전문가의 도움을 받는 것이 좋다. 행복한 은퇴부자가 되는 사람들은 자신의 인생경험보다 전문가의 조언을 더 신뢰하고 따른다. 만약 U씨가 전문가의 자문을 받지 않았다면, 땅에 투자할 뻔했던 9억 원의 돈은 고스란히 땅속에 묻히고 말았을 것이다. 많은 사람들이 은퇴준비가 늦어지는 큰 이유 가운데 하나가 바로 전문가를 만나지 못했다는 것이다.

은퇴준비는 전문가와 동행할 때 속도가 빨라진다. 리스크도 줄일 수 있다. 당신도 행복한 은퇴생활을 하기 위해서는 전문가의 조언에 귀를 막지 말길 바란다. 전문가의 진심 어린 충고를 자신의 주관적인 생각 때문에 의심하며 받아들이지 않는다면 본인만 손해다. 또 전문가에게 자문을 구할지언정 형식적인 물음에만 그치고 실행은 자신의 주관적인 판단에 따라 하는 경우도 위험하다. 보통 그런 사람들은 전문가의 생각이 자신의 생각과 다를 경우, 신뢰를 져버리고 고집대로 움직인다.

 기억하라. 행복한 은퇴생활을 하기 위해서는 당신과 함께 평생을 동행할 수 있는 전문가를 찾아야 한다. 시장에는 해당 분야에서 각고의 노력으로 전문가가 된 사람들이 있다. 반면 그 분야의 학문적인 지식이나 실전경험도 없는 사람들이 언론플레이 몇 번으로 전문가로 둔갑해 행세하는 경우도 있다. 여기에 미래가치가 좋은 투자처가 있다며 투자자를 유혹해 단물을 쏙 빼먹는 가짜 전문가들도 있다.

 대한민국 최고의 전문가는, 당연한 얘기지만 수십 년간 해당 분야를 연구해 온 사람이다. 특히 실전경험은 그 누구도 따라갈 수 없을 정도가 되어야 한다. 투자자를 공동투자의 굴레에 묶어 유혹하지도 않는다. 돈에 욕심이 없어야 한다는 얘기다. 또한 진짜 전문가는 투자를 권유하기보다는 투자하는 방법에 대해 자문해 주는 사람이다. 당신의 자산을 잘 지키고 행복한 은퇴생활을 하고 싶다면 신뢰할 수 있는 최고의 전문가를 찾아볼 것을 권한다.